# 悟眞篇

無爲丹道 貳

藍石 ——著

# 推薦序

不求大道出迷塗，縱負賢才豈丈夫。
大藥不求爭得遇，遇之不鍊是愚癡。
——張伯瑞《悟真篇》

　　猶記第一次與藍石老師（下稱藍師）對談，曾被問及為何想修習丹道？

　　自答：前半生總常會想，死後會如何？此生所來究竟為何？長期對於意識、超意識、特異功能現象，也有著未知的強大好奇。過往幾年，接觸過一些佛教、佛法、道教、道法等片段或轉載的資訊，常卡於艱澀難懂的詞彙，一窺尚有深邃理論體系大山，難有知其所以然之感。例如曾接觸一些禪宗佛理，當下或有迷經千百劫，悟者剎那間之憾，然行於日常，仍不知如何保任，難免對所頓悟蔓生自我懷疑。再如坊間一些氣功運動或氣功法門，在強身健體或開啟特異能力的自我暗示下，也對其操作機制的源頭基礎究竟為何，難抑一探的念想而無法盡信。筆者本於基礎物理背景，曾長期追蹤台灣大學李嗣涔教授的研究，特別是所提出的複數時空間理論，也著迷於其理論中複數量子場及波函數中虛數 i 的奧秘，固然衍生出對於許多人體潛能或意念之論述，然亦因限於科學邏輯之嚴謹，所能闡釋者有限，眾多未知與疑惑仍在。至於泛於生活中無數的大師智慧或心靈雞湯，多年下來所得者僅有——自己心中的疑問，只能靠自己找自己的答

案。

　　因緣際會，接觸到藍師的無為丹道。筆者所知，藍師自我修行逾 30 年，曾經歷阿南達瑪伽的瑜珈團體、新時代心靈讀書會、南傳葛印卡禪等，透過網路與書本長期大量自修佛學、丹道的知識，信服於佛陀或克里希那穆提的覺察與中觀，然藍師未拘於純冥想，反以密勒日巴苦行僧的毅力一路堅持實修之路，嘗試各方可能的修行法門，本於實證保持質疑的璞真，後專注於自發功的實練；並本於實證的態度，對於自己重複出現的實練現象，求教於智或自研於卷。直至2011 年首次演化至三階陽生，於 2016 年再次突破至三階陽生，此間所見大曼陀羅、圓月、金丹真人等內景，遍求身邊已無可解者，可言者眾然真知者無，唯一之途乃鑽研於古人典籍智慧，從佛道二家之《帛書老子》、《悟真篇》、《參同契》、《呂祖全集》、《黃庭經》、《楞伽經》、《金剛經》等眾多經典，反覆對照自己的實練成果，求證於典籍中之次第與描述，融會佛道相通之旨趣後，得無為法之真精義。

　　面對眾多道法與佛法之古籍，原始經文或有漏而難考；抑或梵中譯本即有出入；更有後人望文生義憑己臆想，即肆加補遺反害真。猶有甚者，後人未以實練演化所證為本，誤將氣感搬運即幻認為大藥金丹，又或入幻境或頑空定猶視為神蹟，更徒增學道求真者之霧霾誤導，稍有不慎則虛度歧途十數年難返。面對此千年之窘，唯有憑藉自身實練之成果，敢於對可得古籍的疑虛比證，方有能量能究真排假，一步一趨理出一條求真之道。藍師的實練、實證、求真，實是放眼無他之大修行者。

修行丹道，只能靠自己向內實練實證一途，心外求法不可得，若求緣於大師或秘笈，難免捨己逐外。然修己身之際，若能得一定考據之古人寶貴經驗心得，當有無上大助力。如若再輔以今人以實練為基，嚴謹實證後著疏解說，更是千載難逢之機緣。道家兩大寶典，當屬東漢魏伯陽所著之《周易參同契》與北宋張伯瑞所著之《悟真篇》，乃千古真道正宗。而初修丹道更多以《悟真篇》為先。今能得一修行者，為讀者考據真偽，解說金丹四百字、七言律詩十六首、七言絕句六十四首、五言四韻一首、西江月十二首，詩詞中之重要詞彙所指為何？跨過望文解字的困境，在後人著疏之薛道光版與翁葆光版之間，面對差異，如何立錐於擺盪，得以理解真真正正丹道修練的程序為何？本書付梓乃實修者珍貴之大幸。

　　例如：《悟真篇》所言，水、火、金、木和土所指為何？水火指的是神氣；木為烏肝；金為兔髓；土是真意，也就是中觀的無為無欲。

　　筆者讀此書，方略悟「五行顛倒、陰陽互用」之理，「水火生金木」乃《悟真篇》的重要論述，日中烏為烏肝木，屬陽，但是來源是坎水，屬陰，演化變成烏肝木的陽；月兔為兔髓金，屬陰，但是來源是離火，卻是屬陽，演化變成兔髓金的陰。練水火得金木，練水火就是神氣層次的修煉，神氣合一，可以演化出金木，亦即烏肝兔髓，藍師明白道出兩者就是光。亦補充道出無論水火的陰陽轉換演化出金木，或烏肝兔髓的陰陽轉換演化出金丹，都孕育於真意的土。

此外，像小藥指烏肝兔髓，大藥所指為何？像龜蛇北方玄武，指水，鳳南方朱雀，指火；像「三五一都三箇字」，三五一所指為何？又如何「三家相見結嬰兒」？詩中「戊己」所指又為何？相信許多人初讀時都難以望文解字，再讀仍難整理出統一理論的框架理解，而鎩羽於張伯瑞祖師爺之大智慧之前，今有幸藍師不藏私且勞苦著書，實屬有心修道之人之福。

藍師所倡之無為丹道，筆者拙見所詮釋，係以「無為」為大本，透過不斷實練，由動而靜自然進行陰陽轉換，本於中觀即清靜的意土，性命雙修，演化出烏肝、兔髓，隨著不斷化陰，昏久則昭明，終入三階陽生而得大藥，方登堂入修道之門。筆者限於自身程度，僅得窺探隨著自我身心脫落的轉化過程，略體會心經所云五陰皆空之智；實感上開無為丹道之修行法與《悟真篇》所揭示真正丹道修練程序大相契合也。

藍師未圖開宗立派，謹以修行者之心，將多年修練心得結合經學造詣付諸文字，本於無為法，祈正視聽，更令本書之價值純淨可信。得閱此書，又生私心，期待藍師日後更能有《周易參同契》、《呂純陽文集》、《楞伽經》、《阿含經》、《金剛經》等之解疏問世。

最後，筆者想言，藍師所著是否完全為真，若能待各位讀者或有心人，日後憑藉自身持之以恆之實練，予以驗證或批駁，本書當屬大成。

沒有絕對的盡信，唯有同行者的相互砥礪，自我增長，或許正是我們此生之旨。

心物合一　**鄭克盛**

法學博士、國貿碩士、物理學士，現為執業律師

# 目錄

# 導讀

　　《悟真篇》為北宋張伯端的著作，與《周易參同契》並列為兩大道家丹經經典。張伯端（987 年－1082 年），字平叔，號紫陽，尊稱「紫陽真人」，又人稱「悟真先生」，是知名道家學者，被後世奉為全真南派五祖之第一祖。相傳於熙寧二年（1069 年）遇廣陽真人劉海蟾授金丹藥物火候之訣而得道。張伯端曾三傳非人，而三遭禍患。熙寧八年（1075 年），因患此道人之不信，遂著《悟真篇》，敘丹藥之本末。

　　張伯端所處年代的思想文化背景正是融合儒、佛、道的新儒學——理學當道，此時道教外丹術已開始衰落，而內丹術的發展漸趨鼎盛，五代北宋以來最著名的代表人物是呂洞賓、陳摶。呂洞賓道佛兼容、提倡性命雙修；陳摶擅《易》學和內丹學。《悟真篇》涵蓋儒、佛、道，繼承發揚《道德經》、《周易參同契》、《陰符經》、《呂祖詩》，並援引《易》學、五行觀、禪學，實現「教雖分三，道乃歸一」。從《悟真篇》中可以看出，張伯端早期接觸佛教禪宗思想，悟得「中觀不二」之道，埋下性功的種子，後期了悟陰陽轉化之道，終得實修至金丹大成。《悟真篇》所述修煉之法雖為出世之法，但張伯端反對形式上的出家離俗、隱蔽山林，主張大隱隱於市，修道須往自身內求。

　　以實修者的角度來看，《悟真篇》中反覆強調的陰陽轉化之道，和佛家四聖諦——苦、集、滅、道，講的都是修煉中會經歷的過程狀態，這和無為丹道的修煉過程是高度契合

的。無為丹道的修煉分為動功和靜功，動功為陽、靜功為陰。初學者動功從自發功下手，會先從大動作開始，進階到身體的氣感，再到第三眼打開後的光感，此處練出的光稱為烏肝光，是比較粗糙的光感，這個動功的階段稱作下手的陽、第一個陽。當陽練到極處，會產生恍惚昏沉，此時轉為靜功——放鬆休息入定，讓動功練出的陽氣入裡化陰，此處是陽極生陰的陰，這裡的恍惚昏沉會慢慢演化為深度覺，當性功有所突破後，才能練出兔髓，因此在性功方面，覺察、中觀、如實觀是至關重要的。陰到了極處又會再次生陽，此處稱為第二個陽，在這個地方需提起覺知，但又不能用力過猛，因此注意力火候的拿捏非常重要。陽生現象有不同的次第，作者藍石將陽生現象分為陽生第一階段、陽生第二階段、陽生第三階段，從最初級的氣感、烏肝小藥、兔髓小藥，進階到第二階段的初級大藥曼陀羅，再到第三階段的圓月、金丹真人。以五行觀來看，氣是水屬陰、注意力是火屬陽，水火生金木，烏肝木屬陽、兔髓金屬陰，經歷兩個陰陽，和清淨的意土三家相見才能煉就金丹。張伯端在《悟真篇》中使用大量詞彙反覆說明水火轉金木的過程，可見陰陽轉化是成就金丹的必經之路。

　　本書作者藍石以實修者的角度重新詮釋《悟真篇》，不只是將文言文翻譯成易懂的白話文，更以親身修煉實證金丹的經歷，清楚說明丹道的次第與心法，將古經典中蒙塵的奧祕重現在世人眼前，指引讀者通往究竟的康莊大道，期能將原作者張伯端欲傳達的修道正法發揚光大。

# 第一章　緣起

　　《無為丹道》一書出版之後，受到各方朋友抬愛，非常感激。因此照預定計畫，希望可以繼續出版第二本《無為丹道》相關書籍，也就是如何在經典當中看見無為法存在的痕跡，以無為法的角度，重新詮釋經典。讓修習無為法的朋友們，更可以站在經典的巨人上，看見無為法驚人的演化力量，是如何從最開始最細微的氣動，一步一步演化成為金丹真人意生身，這中間的變化是怎樣的過程，在經典當中，又是以什麼樣的文字，來描述這樣的過程。

　　古人留給我們的經典，記載了最真實的實修精華，但是經歷過歲月的風霜之後，文字雖在，意義卻蒙塵了，與實修之間的連接，變得斑駁不清。今天希望在無為法的視角下，還原經典當年的真面目，讓各位修習無為法的實修者，更有底氣，知道無為法非作者一人心意所至，隨意創造出來的法，而是自古以來，天地之間，自然演化的真實力量。

> 黃鶴樓中吹笛時，
> 白蘋紅蓼滿江湄，
> 衷情欲訴無人識，
> 只有清風明月知。
> ──〈題沈東老壁〉呂純陽詩

　　希望透過無為法，讓各位成為聽懂笛聲的清風明月。

# 第二章　金丹四百字

眞土擒眞鉛，眞鉛制眞汞。
鉛汞歸眞土，身心寂不動。

真土就是意，真鉛就是由腎氣演化而來的烏肝小藥。「真土擒真鉛」，就是用清淨之真意，沒有慾念的真意，沒有想要有任何企圖的真意，只有微微的覺照，文火，放在烏肝小藥。這時候的烏肝真鉛就開始產生轉化，進入陰的狀態，真汞就是由神火演化而來的兔髓，而真鉛烏肝則是真汞兔髓的來源，故稱「真鉛制真汞」。這時候的真鉛要演化成真汞，必須要有真土當作媒介，才能產生演化。當真鉛產生真汞之後，此時的真汞還是需要真土，也就是清淨之意，才能繼續演化，否則還是一樣卡關。因此稱「鉛汞歸真土」，然後就進入「身心寂不動」的狀態。

真土就是清淨之意，如果轉化成《無為丹道》的說法，就是中觀，不偏不倚，不放縱，不壓抑，對於心的方向，只有順其自然，而沒有任何追逐，或是任何由意識產生之外力，沒有意圖想要達成任何成就，只有這樣順其自然，道法自然的中觀態度，才能產生清淨真意真土。

這裡的真鉛、真汞直接從烏肝、兔髓開始講，所以最初下手的水火，等於直接省略沒有講了，所以這裡講的不是初學者狀態，而是進階者狀態，是一種即將要練成金丹的進階者狀態。

而前面省略的部分——代表腎氣的水、代表神火的火，水火相交也是同樣要經過真土才能轉化成烏肝木小藥，和兔髓金小藥，這一部分更後面的詩會提到。

　　虛無生白雪，寂靜發黃芽。
　　玉爐火溫溫，鼎上飛紫霞。

　　黃芽是陽生二階段的起點，會先產生黃芽，才產生陽生二階內景；白雪是陽生三階段的起點，會先產生白雪，才產生陽生三階段內景。而黃芽同時也是兔髓的陽生起點，兔髓從陽生剛長出來的型態，就是黃芽，練到後來，才會正式進入化陰階段，此時才是純白。

　　這段講的是功態，虛無就會產生白雪的內景，這個內景是很容易被誤解的，因為沒有虛無也會產生白雪，但是狀態不同。病氣的內景跟白雪也很像，但是虛無產生的白雪，跟病氣產生的白點，或是烏肝過程中出現的白點是不同的。虛無出現的白雪必定有一個次第——就是在虛無生白雪之前，會不斷地出現二階段陽生，可能長達好幾年的二階段陽生，各式各樣的二階段陽生演化，後續才有可能會產生虛無生白雪的那種白雪。至於詳細內景，既然張伯端沒講，我也不說，免得被有心人利用，我就針對次第來說，避免有些人出現病氣白點，也當成「虛無生白雪」。

　　病氣白點會偏灰黑，在灰色偏黑的背景中，會冒出灰色偏白的點狀光，這個就是病氣白點，通常出現的時機是在極光內景的烏肝之前，這種病氣白點也算是烏肝的一種，病氣

第二章　金丹四百字

黏在身體的氣場上，就會出現此類的白點光。還有一種不是病氣的點狀光，大多出現在初學者，在烏肝即將要出現，但是尚未穩定出現的時機，點狀光會比較亮，顆粒數量會比較少，不像病氣白點，像是發麻疹一樣，密密麻麻的。烏肝之前的點狀光，可能只有一、兩顆，或者五、六顆，或者十幾顆，不一定，顏色也不一定，有可能白色，或者藍色也有。

「寂靜發黃芽」，這個黃芽的次第是比「虛無生白雪」要次等。「虛無生白雪」已經是中脈開通成熟了，才會產生；而「寂靜發黃芽」正好相反，是中脈剛開始開通的跡象。「寂靜發黃芽」其實就是兔髓的發端，兔髓剛開始出現在陰極生陽的陽生階段時，就是白中帶黃，在不斷地「寂靜發黃芽」之後，兔髓就會從陰極生陽的寂靜階段，慢慢轉移到陽極生陰之時。此時的兔髓就如同圓月，一個不動的白色圓光，出現在陽極生陰，極端寂靜之時。此時的兔髓圓月光，就偏向純白了，與在陰極生陽的時機出現的整片擴散開來的白色偏黃的黃芽光，又不相同。

烏肝光出現的時機，意念是可以動的，而且大多在氣感之後，因此意念可動或不可動，這就是一個很大的區隔點，如果對自己的意念絲毫不覺知的人，一下子就說自己是黃芽，那只能說又是一個幻境入魔的人了。能練出烏肝光和黃芽光的人，必定會發現其中巨大的意識狀態的差距，這也就是為什麼我一直強調要中觀、覺照、如實觀的原因，如果沒有如實觀，光是講功態、追功態，那是不可能練到黃芽光的。

「玉爐」就是玄關竅，「火溫溫」就是神火灌注到玄關

悟真篇

16

竅，有需要神火灌注到玄關竅的，只有一個狀態，就是烏肝狀態。烏肝狀態的火屬於文火，還是有火存在，不像兔髓階段已經是止火狀態。

「鼎上飛紫霞」，鼎就是玄關竅，紫霞就是紫光，這個紫光就是烏肝的光，烏肝光也不是只有紫光，還有各種光，彩虹有什麼光，烏肝就有什麼光。只是不同的光有不同的光譜，紅光頻率低，紫光頻率高，大部分的人會從紅光開始出現，少部分的人也會從其他的光開始出現，但是練久了之後，幾乎所有的光色都有出現過。

華池蓮花開，神水金波靜。
夜深月正明，天地一輪鏡。

在張伯端的詩當中，經常出現月，在後面的禪詩中部分的月，是水中倒影，是會移動的，故那時候的月是烏肝。而即將出現胎仙的月，那是真正的滿月，那時已經是純陽狀態了，純陽狀態出現的滿月會產生胎仙。而此時強調「夜深」，故可知並非是純陽狀態，還是處於陰的兔髓階段，因此可知此時的「夜深月正明」屬於兔髓成熟階段的月。

兔髓有兩個階段，一開始出現在陰極生陽的黃芽光，屬於兔髓剛產生的時候；兔髓成熟期的光，則出現在陽極生陰的陰階段，此時的兔髓就如同一輪明鏡，和黃芽光時的兔髓不同。黃芽光時的兔髓會從中間一個點擴展開來，直到整片都是兔髓光。但是要小心的是，剛開始的烏肝也會有類似的情況，也會有白色的光，出現在陰極生陽的陽生階段，此時

的白光是沒有偏黃的，跟兔髓在陰極生陽的陽生階段所產生的白色偏黃的黃芽光是不同的。而在兔髓的陰極生陽之黃芽光出現之前，烏肝應已經非常穩定地出現在陽極生陰的下手處階段的陽，和下手練習前期，從完全沒有烏肝，要剛開始產生烏肝的陰極生陽的白色烏肝是不同的。也就是穩定期的烏肝，和初期的烏肝是不同的。初期的烏肝因為天眼剛開，所以只有黑白兩色的光，因此出現的光也只有白光，稱為虛室生白。穩定期的烏肝則有各種顏色的光，穩定期的烏肝，後期才有機會帶出黃芽光。但是很多人卻將初期的白色烏肝誤認為黃芽光。

所以所有的功態不宜斷章取義地理解，光是白光，就有分很多階段：剛開始第三眼尚未開啟的閃白光，也是白的；第三眼開啟之後，將要出現烏肝光的光也是白光；兔髓光也是白光；要形成胎仙的滿月光也是白光。雖然同樣是白光，文字描述半斤八兩，但是實際上練到，差異非常大。白光的時機不同、質感不同、前後的次第、當時的意識狀態，差異都很大，對一個初學者來說，要搞清楚，幾乎是不可能的任務，除非全部的過程都走過一次，才有可能分得清楚其中的差異。

「華池」也是玄關竅，「蓮花開」這個已經是第三期陽生金丹快要成熟的現象了——也就是不斷地發生二期陽生之後，有一天終於進入三期陽生，會產生的金丹演化現象。這時候的金丹長得不是金丹的模樣，但是有練到那邊的人就會知道，是同樣的。應該說不是同一顆，而是同一個虛空環境，會凝結出來的內景，虛空一打開，就開始產生大藥，就

開始凝結出來，一個回合一個回合地練下去，每個回合都有它的演化次第。

「神水」就是神和氣結合產生的烏肝，這裡「神水」是真鉛烏肝，「金波」是烏肝的光，「神水金波靜」即是烏肝的光平靜無波。因為這個時候陽生已經產生蓮花，兔髓已經達到圓月，故烏肝不像剛開始的時候那樣洶湧，烏肝的時間已經變得很短了，一下子就過渡到兔髓圓月，並且陽生也產生大型曼陀羅蓮花，這裡講的是已經快要產生金丹的狀態。

> 硃砂煉陽氣，水銀烹金精。
> 金精與陽氣，硃砂而水銀。

這段主要講硃砂和水銀的區別，我們知道硃砂是硫化汞，經過提煉後，會變成汞，也就是水銀。所以硃砂跟水銀的區別，我們可以看得出來，硃砂是比較粗糙的、未經提煉的；而水銀是比較純粹的、提煉過的。

而鉛汞的汞講的就是神火，因此我們可以從這裡看到，張伯端把比較粗的神火稱為硃砂，比較精細的神火稱為水銀。因此我們知道神火分成兩種：比較粗的神火狀態「煉陽氣」；比較精緻的神火狀態煉的是「金精」。金精就是兔髓，兔髓是真汞，所以這裡說「水銀烹金精」。

> 日魂玉兔脂，月魄金烏髓。
> 撿來歸鼎中，化作一泓水。

「日魂」是練烏肝的環境，也就是烏肝狀態下的神火就是魂；「月魄」就是練兔髓的環境，也就是兔髓狀態下的神火就是魄。脂就是脂肪，外層的意思；髓就是骨髓，內層的意思。「日魂」就是烏肝狀態，這個狀態是兔髓的外層脂肪；「月魄」就是兔髓，是烏肝的裡層骨髓。所以《參同契》說，兩者互為宅室，烏肝就是外層的宅院，兔髓就是裡層的內室。不管是裡還是外，陰還是陽，烏兔都是小藥，「撿來歸鼎中，化作一泓水」，兩者都是練大藥的材料。

關於這一段，我看了一堆註解，沒看到有人說對的。一個很大的問題，很少人練到烏肝、兔髓都出現過的。練出烏肝的人比較多，練出兔髓的就少很多了，因為兔髓要出現，有一個很大的障礙，就是欲界幻境，沒有通過欲界幻境的人，是出不了兔髓的。

換言之，因為欲界幻境而障礙演化的人，幾乎是大部分實修者會面臨到的現實，也就是說，沒有練習覺照、中觀、如實觀的人，幾乎沒有一個跨得過欲界幻境，因此也就搞不清楚烏肝兔髓之間的關係了。

而欲界幻境有兩層意義：第一層是排毒現象，剛開始出現的幻境是在排毒，但是如果此時土不清淨，真土被後天意念污染了，認為這些幻境是真實的，例如認為幻境是出陽神的境界，並且把神火灌注於其中，那這些幻境就不僅僅是排毒現象了，而會進入第二層現象，也就是污染的意土。一但意土被污染，兔髓就不可能產生了，當然就練不成金丹。

藥物生玄竅，火候發陽爐。
龍虎交會時，寶鼎產玄珠。

　　「藥物」就是烏兔小藥，「玄竅」就是玄關竅，「藥物生玄竅」烏兔小藥生於玄關竅。「火候」就是神火，「陽爐」也是玄關竅。「龍虎交會時」，講的也是小藥化成大藥的過程，龍為青龍，青屬肝木——日魂、烏肝；虎為白虎，白屬肺金——月魄、兔髓。「龍虎交會時」，烏兔小藥化為金丹大藥時；「寶鼎產玄珠」，「寶鼎」是玄關竅，玄關竅產生玄珠。

　　而「玄珠」在張伯端的定義來說，則是指金丹的前期內景，尚未形成紫金光的金丹，有各種玄奇的內景——形、字、印。因為內景太過玄奇，沒有一個固定的形狀，故稱為玄珠。而玄竅、陽爐、寶鼎，都是玄關竅的代稱。

此竅非凡物，乾坤共合成。
名為神氣穴，內有坎離精。

　　「此竅非凡物」講的就是玄關竅不是凡物，「乾坤」就是陰陽，「共合成」就是烏兔日月魂共合成，練就大藥。玄關竅又稱為「神氣穴」，裡面有「坎離精」——水火精華，也就是神氣精華，小藥練成大藥都在這裡轉化。坎離就是水火，坎離精是水火轉化成的烏肝兔髓。

　　換言之，丹道所有的修煉都在玄關竅，沒搞懂玄關竅是怎麼回事，以為是下腹部的空間，那就完蛋了。如果把玄關竅當成下腹部的空間，小藥當成氣感，那就真玩完了，一輩

子沒辦法演化，一輩子練不成丹道。

木汞一點紅，金鉛三斤黑。
鉛汞結丹砂，耿耿紫金色。

「木汞」，我不太贊成各家的說法，我用自己的說法。因為張伯端的邏輯很清楚，說來說去都是小藥結成大藥，小藥都是烏肝兔髓，所以這裡的木汞金鉛，意思是要形成木，要用掉的汞只有一點點。紅也是汞的代稱，要練成「木」，只須要一點點「汞」，「木汞一點紅」，意思是烏肝狀態下的神火只有一點點，也就是文火狀態。所以這句我們可以這樣看：「木，內含汞一點紅；金，內含鉛三金黑」。

既然木代表烏肝，那「金鉛」的金就代表兔髓，金屬肺，肺魄為兔髓狀態，也就是兔髓金狀態下，鉛占了三斤。鉛就是黑，所以這個鉛跟黑是重複說了，同樣的汞跟紅也是重複說了。一點跟三斤兩者相比較，自然是三斤占的分量大多了，也就是說兔髓狀態下的鉛占了大量，這裡就講到一個祕密了。

這個祕密，只有練無為法的人才能知道，沒練無為法的人，根本沒辦法知道。今天各位聽我講，祕密雖然不是祕密，但是對你來說，還是屬於未知，因為你沒練到這裡，根本無法體會出來。

這裡講的「金鉛三斤黑」，意思是兔髓金狀態下會用掉的鉛有三斤，也就是很多，其中的奧祕就是，當你練到兔髓階段的時候，你身上的氣，會全部流向玄關竅，你的外氣，

幾乎沒了。可能你在沒有開啟心竅、進入三禪、產生兔髓之前，你經常是全身氣感，甚至光感很強，但是當你開始開啟心竅，開始產生兔髓之後，你的氣都透到玄關竅裡面去了，你會感覺，原本很強的氣感沒了，這就是只有開心竅的人才知道的祕密。

所以我說那些寫金丹四百字註釋的人，很多根本沒練到兔髓的程度，如果練到兔髓的程度，就會知道有這個特殊現象。氣在心竅沒有打開之前，不管是氣感還是光感都是很強的，當然幻境也很強，但是練到兔髓出現之後，氣感光感都會突然變弱，幻境也會很快地消失，甚至毫無幻境。

後面的兩句，各位一看就知道，講的就是小藥變成大藥。大藥不是金色的，金丹不是金色的，金丹是紫金色的，紫金色不是紫色加上金色，而是玫瑰金的顏色，也就是具有紅色光澤的金屬色。其他的部分，既然張伯端沒講，那我也不講了，免得有人又因此掉入幻境，胡思亂想。

這個大量的氣流入玄關竅，導致外氣快速減少的現象，會持續到什麼時候呢？很簡單，持續到玄關竅內的陰氣化解完成，小藥全部轉換成大藥，大藥生發，進入第三階段陽生虛空定之後，玄關竅消耗掉的氣，就會滿出來，這時候又會回復成全身都是外氣的狀態，會覺得整個人被一團氣包圍起來，裡面是虛空，外面是陽氣充滿。這種狀態和搬運法那種硬是把氣卡在外層，而裡層卻完全不練的狀態是完全不相同的。

所以練無為法的人，就要有這個心理準備，練到兔髓三禪狀態，外氣就會變得很不夠用、稀薄，要知道這是正常現

象。但是我還是要跟各位講一個殘酷的現實，要練到陽生三階段是非常困難的，可能你一輩子都只能練到陽生二階段的狀態，也就是你會經常處於一種外氣稀薄的狀態。

所以當你練到這裡，強大的外氣，就變得非常重要。外氣靠自己練，經常是不夠用的，因此很多古代的實修者，練到這裡就要找地方練了，要找一個天地靈氣非常強大的地方練，才有辦法補足這個氣不足的現象。

家園景物麗，風雨正春深。
犁鋤不費力，大地皆黃金。

「家園」指的是玄關竅，「家園景物」就是修習過程中玄關竅的內景，玄關竅的內景就是烏肝兔髓的光，「家園景物麗」講的就是玄關竅出現的烏肝兔髓內景非常旺盛美麗。

烏肝兔髓這些內景出現得很旺盛美麗，是因為「風雨正春深」，春天正深之時，雨水非常足夠，所以景色才能秀麗。換成丹道的話來說，就是烏肝兔髓內景很旺盛美麗，是因為烏肝兔髓的來源——水火，非常地充足，跟春天的雨水一樣，非常地充足，所以才能產出旺盛的烏肝兔髓內景。

「犁鋤不費力」，表示練起來不費力，因為這時候已經一心境穩固了，不像初禪剛開始下手的時候，注意力飄搖、雜念很多、不容易攝心。當練到烏兔內景旺盛之時，就完全沒有雜念了，練起來很輕鬆，所以說犁鋤不費力，而能夠得到「大地皆黃金」的好結果。整句詩意思還是一樣，講烏兔小藥轉變成金丹大藥的一個過程特質，就是烏兔小藥的內景

秀麗，一心境不費力，小藥源源不絕，就容易得到金丹成果。

真鉛生於坎，其用在離宮。
以黑而變紅，一鼎雲氣濃。

　　真鉛就是烏肝。「真鉛生於坎」，坎就是水，腎水，腎氣，真鉛來自於腎氣。所以身體好的人，烏肝就很亮，身體虛弱的人，烏肝就黯淡許多，因為烏肝來自於腎氣，跟身體的條件高度正相關。

　　真鉛的作用在離宮，離宮就是神火所在的地方，神火，心藏神，所以離宮講的就是心竅，真鉛的作用就是在心竅，烏肝的作用就是要用來開心竅用的。

　　「以黑而變紅」，黑就是腎水的代號，中醫裡面，青赤黃白黑，代表木火土金水，所以黑代表水，代表腎氣；紅代表火，代表心。所以黑而變紅，講的就是烏肝開心竅的過程。一鼎就是玄關竅，在烏肝階段的玄關竅，裡面就是雲霧繚繞，所以說雲氣濃。

　　烏肝和氣感的區別，就是差在第三眼有沒有打開，第三眼打開，看到的就是烏肝，第三眼沒打開，用身體感受到的就是氣感。而有沒有能力開啟第三眼，跟意土有關，意土清淨，則可開啟第三眼，出現烏肝光；意土不清淨，受到後天企圖慾望的污染，就無法開啟第三眼。

　　「一鼎雲氣濃」還有另一個含義，因為烏肝為魂，如雲一般，所以這個雲氣濃，可以指烏肝，但是也可以指兔髓，

因為陽生階段的兔髓，也就是剛開始經歷陽生而產生的兔髓，也很像雲，只差不像烏肝一樣飄來飄去。陽生階段的兔髓，也是像雲一樣是白色的，但是有時候是帶有黃色的白光，有時候是純白，大多是從中間打開來，跟真正旺盛的圓月兔髓是不同的。所以這時候的兔髓，也能稱為雲氣濃，就是烏肝被用來開啟陽生階段的兔髓，稱為「以黑而變紅」。烏肝是木，來自於水，水的代表色是黑；兔髓是金，來自於火，火的代表色是紅，所以這裡的「以黑而變紅」也代表烏肝小藥產生兔髓小藥。

　　眞汞產於離，其用卻在坎。
　　姹女過南園，手持玉橄欖。

　　真汞就是兔髓，產於離，坎就是水，離就是火，真汞兔髓是從神火離轉變而來的。作用在坎，坎就是水，腎氣。前面提到「金鉛三斤黑」，要練兔髓金要用掉三斤這麼多的黑，也就是腎氣。因此雖然真汞兔髓金是來自於離火，但是必須得有大量的氣消耗，故稱「其用卻在坎」。

　　姹女也是真汞，過南園，南方屬火，南園就是神火所在之地，也就是中丹田。「手持玉橄欖」，玉橄欖的解釋，各家差異頗大，筆者認為橄欖石的顏色為翠綠色，當烏肝作用區在心輪的時候，會出現翠綠色的烏肝，所以「姹女過南園，手持玉橄欖。」就是神火到心輪的時候，會出現翠綠色光的意思。

當然這個翠綠色光也是階段性的，在開心竅之前會經常出現的光。很多人知道氣感會轉小周天，卻不知道光感狀態下的真鉛也會轉小周天。光感狀態下轉動小周天的現象，是海底輪的紅光，跟眉心輪的藍光交替之後，會到心輪變成綠光，然後才進入下一個階段，開心竅之後的階段。

　　這些光的開心竅現象，張伯端只講出了一小段，沒有把全部的現象講出來，各位可以去查一下，講紅藍光交替的，應該只有我一個人，起碼我看到的，只有我一個人這樣講，這是我個人觀察出來的結果。當然有練出這種現象的人，應該不少，但是知道怎麼回事的，可能沒人了。當然開心竅之前，也有別的現象，紅藍光交替和綠光只是其中一個階段性的，有段時間會經常出現，算是一個階段性的功態，過了這個階段，又會轉換成別的現象。


　　震兌非東西，坎離不南北。
　　斗柄運周天，要人會攢簇。


　　震兌明明是東西，但是這裡卻說不是東西，坎離明明是南北，這裡卻說不是南北，如果斷章取義看這段，肯定看不懂，必須要連著前面一起看。前面大家已經看到一堆坎中有離，離中有坎的奧祕了，所以這時候再來看這段，才不會覺得奇怪。

　　震兌坎離，就是對應東西南北，對應肝肺心腎，對應魂魄神氣，這些剛開始都是分離的，但是練到後來，混然一體，才能打開虛空。所以後面才講，「斗柄運周天，要人會

攢簇。」北斗七星如同一個勺子,「斗柄運周天」,把四象限全部繞一圈撈在一起,才能渾然一體開啟虛空,所以「運周天」就是把四個象限撈一圈,「會攢簇」就是聚集在一起。

換言之,這些練功當中的要素,如果分開,那是練不成的,必須混在一起。如何混在一起呢?當然是入定,入定態才能把這些混在一起,水火相交還在氣功態,但是水火相交之後,產生烏肝兔髓,就開始進入入定態。嚴格來說,水火既濟之後,就進入初禪了,產生烏肝就進入二禪,兔髓就進入三禪或四禪,才能開啟後面的虛空。

> 火候不用時,冬至不在子。
> 乃其沐浴法,卯酉時虛比。

這段話就是在打臉搬運法,某些搬運法派別很重視時辰,認為一定要在什麼時間練什麼方法,但是《悟真篇》完全不是這個概念,而是看氣機的現象而定,並不是看客觀條件的外在環境時間而定,所以這裡有幾個關鍵字採用了「駁斥」的語法:「不用」、「不在」、「虛比」。

「火候不用時」,這句話講得很清楚了,火候是不用管時間的,不是說三更半夜的子時就要來起陽火,中午的午時就要退陰符,火候不是講這個時間的。「冬至不在子」,也是一樣的意思,我們知道冬至就是一年之間夜間最長的那天,子時則是一天之中,最深的半夜時分,但是這邊卻說「冬至不在子」,意思就是最陰的時間不是子時。這跟上一首是一樣的,震兌坎離明明就是東西南北,卻說不是東西南北,邏

輯是一樣的，講的就是實修的陰陽和外在環境的陰陽不是一回事。

「乃其沐浴法，卯酉時虛比。」前面跟各位說過，這話是在駁斥搬運法的，所以我們要知道搬運法的沐浴是在幹啥。我們知道沐浴是洗澡，搬運法則是專門練任督繞行小周天的，所以對搬運法來說，卯酉就是日出和日落時間練小周天，就是沐浴。

但是這邊又被張伯端打臉了，他說這都是「虛比」，虛比是什麼？就是真實的相反，就是「虛假的比喻」，也就是說張伯端認為卯酉沐浴是虛假的比喻，並不是真的晨昏去練任督小周天就是修真。

> 烏肝與兔髓，擒來歸一處。
> 一粒復一粒，從微而至著。

烏肝與兔髓，前面講了那麼多了，各位應該很清楚，烏肝是二禪狀態下出現的光，屬於日魂，陽中之陰，各種顏色都有。兔髓是三禪狀態下出現的光，伴隨心竅的開啟才能出現，屬於月魄，陰中之陽。經歷了烏肝兔髓之後，歸於混沌恍惚緲冥，所以說「擒來歸一處」，都混在一起了之後，才能陰極生陽，產生一粒又一粒的金丹演化。金丹的形態各異，但是呢，張伯端說「由微而至著」，這裡我有一點意見，因為「微」不是金丹的特徵，而是烏肝兔髓的特徵，金丹不管哪一種型態，都非常的「顯著清晰」，只有烏肝兔髓才會「微」，所以我把「從微而至著」解釋成：從烏肝兔髓

的「微弱光」演化成金丹的「顯著清晰光」。這個一處，指的就是陰極生陽的一陽生，一陽生會產生各種「生成體」，從氣感、烏肝、兔髓，到玄珠、金丹，都是在這裡產生的。

另外有一點要注意的是，烏肝兔髓也可能有很亮的光，有些人身體好，腎氣強，產生出來的烏肝兔髓就會比較明亮，這種情況下的烏肝兔髓照樣是烏肝兔髓，不是金丹，也就是說不是因為你的身體好，你練出來的光比較明亮，你就不是烏肝兔髓，你就是金丹了，不是這麼一回事。烏肝兔髓和金丹是有層次次第之分的，產生的環境不同，原理也是不同的。不是說比較亮的光就是金丹，比較暗的光就是烏肝兔髓，不是這樣的，而是說烏肝兔髓會因為身體狀況而有明暗之分，身體比較差的，烏兔小藥光比較暗，身體比較好的；烏兔小藥光比較亮。

混沌包虛空，虛空括三界。
及尋其根源，一粒如黍大。

混沌在外層，虛空在內層，必定先經過混沌，才可到達虛空，所以稱為「混沌包虛空」。虛空包括三界：欲界、色界、無色界。最外層的欲界其實是包在混沌當中，嚴格來說不應該納入虛空的範圍內；色界雖然不像欲界那麼混沌，但是也充滿了陰，並未到達純陽虛空；真正的純陽虛空是無色界，無色界脫離色界身體的限制，已經開啟了真正的虛空，能練到這裡，境界就是三階段陽生。

尋找根源，一粒如黍米一樣的大，這裡講的根源，是在

初期開心竅的時候，會經常出現一顆黍米，小小的一點，在正中央，通常是白色，但是也有黑色，或是藍色光點，非常小的一點，這是心竅要開通的最早期的象徵。其實這是第三眼的光，當第三眼啟動的時候，自身的光，如果黍米很清楚的話，可以看見，並非正圓形，而是有點歪斜。

真正開啟心竅的過程，下一步會有兔髓，和圓月非常類似，就是一個正圓形的白光，邊緣清楚，不會動，同樣地內心也不會動，只剩純然的覺，不動。

> 天地交真液，日月合真精。
> 會得坎離基，三界歸一身。

「天地交真液」，重點在於「液」，液就是水，為何不說「液」，要說「真液」？就是這個「真液」是從「液」練出來的精華，簡而言之，就是水生木，真氣產生烏肝。但是如果只有真氣是不夠的，還得要神，所以這個「天地」，就是陰陽，就是水火，神和氣，神氣交產生烏肝真液。

「日月合真精」，跟「天地交真液」講的是同一個階段，「真液」代表烏肝，「真精」就代表兔髓，陰陽水火神氣相合，產生兔髓。

「天地交」、「日月合」，陰陽水火神氣相交產生烏肝兔髓，這就是「坎離基」。有了「坎離基」——烏肝兔髓之後，「三界」——欲界、色界、無色界，代表入定態，就能「歸一身」，就能開始出現了。

龍從東海來，虎向西山起。
兩獸戰一場，化作天地髓。

之前說過，龍代表上升的肝木之氣，青龍，青色入肝，所以龍代表丹道裡面的烏肝，東方就是肝木的方位，各位要知道，代表上升氣的五行字眼是：肝、木、青、龍、東方、日、魂，都是同樣的符號。

同樣的，代表下降氣的五行字眼是肺、金、白、虎、西方、月、魄，都是代表同樣的符號，在丹道中的階段，指的就是兔髓。

兩獸戰一場，意思就是烏肝兔髓經歷過之後，就化為天地髓，就是開始凝聚金丹。

《悟真篇》講的都是同樣的歷程，這裡還是一樣，老調重彈，都講同樣的煉丹歷程，用不同的文字，重複地講，深怕大家聽不懂。可惜，還是一堆人聽不懂，沒練到的人，怎麼可能懂呢？

金花開汞葉，玉蒂長鉛枝。
坎離不曾閒，乾坤經幾時。

這段有兩個錯字，各個版本不同，有的說是坎離不曾「間」，有的說是坎離不曾「閒」，我覺得「閒」字應該是比較押韻的，而且趙孟頫的行書用的似乎也是「閑」字，所以我就採用「閒」字。

另外一個錯字是乾坤「今」或「經」幾時，我採用「經」，我覺得這個比較合理，經幾時比較合理，問的是乾坤陰陽反覆要經過多久，所以下一首才會接「都來三萬刻」。

　　金相對於玉，這在張伯端的用法裡面，金和玉相對，各位就要知道「金」在此用法已經不是五行金木水火土，而是「金烏」日，「玉兔」月。

　　因此「金花開汞葉」，就是烏肝的光華產生「汞葉」，汞就是神火的神，但是在這裡不是神火，而是神火的產物兔髓，故稱「汞葉」。烏肝的光華產生兔髓。

　　「玉蒂長鉛枝」，知道了「玉」代表玉兔月之後，「玉蒂」就是兔髓，兔髓化陰之後，陰極生陽，又產出「鉛枝」，真鉛就是烏肝，所以這裡講的是烏肝兔髓陰陽交替之後，在陽生的階段，又長出烏肝，又是一個新的陽。

　　所以後面才會接著說「坎離不曾閒，乾坤經幾時。」講的就是這個烏肝兔髓陰陽互生的階段，這時候還沒到產生玄珠或者金丹的程度，還只是在陽生第一階段，烏肝兔髓陰陽交替回到第一個陽，產生烏肝的階段。坎離就是烏肝兔髓，不曾閒，一直交替出現。乾坤就是陰陽，經幾時，意思就是反覆經過幾時，反覆很多次，陰陽一直不斷交替之意。


　　沐浴防危險，抽添自謹持。
　　都來三萬刻，差失恐毫釐。

要知道什麼是「沐浴」，就請各位翻到「兔雞之月及其時，刑德臨門藥象之。到此金砂宜沐浴，若還加火必傾危。」這段，這段雖然在後面，但是很清楚地說明了，「沐浴」就是溫養階段，也就是不能「進火」的階段。而一般的搬運法大多把「沐浴」當成是「自動運行周天氣感」的階段，這樣就和真正的「沐浴」有著很大的差距了。

　　換言之，真正的「沐浴」，就是不能進火，用的是火的餘溫，至於什麼是「進火」？就是加神火，神火就是我們的注意力。當練到一個程度，注意力就不能放那麼重，只剩下一個簡單純粹的覺照，不能用各種花招，也不能加太多注意力，否則容易進入幻境。進入幻境之後，如果沒有老師或者過來人點醒，恐怕一輩子就卡在幻境之中，難以脫離，因此這裡有一個很大的誤區，一個超級大坑，有許多大師，就卡在幻境之中，誤以為是出陽神的，大有人在。

　　「抽添」在搬運法的說法是「抽鉛添汞」，但是我們從張伯端的《悟真篇》當中，可以看得出來，「抽添」並非是「抽鉛添汞」，而是火候的抽添。抽就是減少，添就是增加，這裡面有很大的學問，絕對不是搬運法說的，在氣感繞行任督時候的抽添，而是在陽生的時候火候的抽添。

　　因為陽生時必須提起覺知，這個提起覺知就是「添」，而提起覺知又不能太過，否則將會引發幻境，這就是「抽」，火候的「抽添」，在這裡沒有祕法可言，只有經驗，對了，就產生玄珠，錯了，就進入幻境，就這麼簡單。故稱「自謹持」，謹持的是什麼？其實很簡單，就是簡單地提起覺知，放下慾念，以清淨之意土，提起覺知，不能有任何慾

念。因此對自己的想法、慾念，必須清清楚楚、了了分明，如果對自己的想法慾念不清不楚，也不想去清楚，只說我很單純啊，我也很少想什麼事情，如果用這種心態去面對自己的心念和意圖，那我只能說，真的沒救了。慾念人人皆有，若很盲目地相信自己毫無慾念，這才是最大的慾念。

而「三萬刻」，一刻鐘為 15 分鐘，把分鐘換算成月，大概十個月，這裡的三萬刻就是十個月。這裡的十個月並非真正的十個月，而是比擬十月懷胎，以胎熟比喻丹成，意思就是練到金丹成就的狀態。

「差失恐毫釐」，只要差一點點，金丹就煉不成了。意思就是陰陽沒有練透，金丹是沒辦法煉成的，一定要化陰練透，才有可能進入金丹凝聚程序。

現在很多人修煉，只練陽不練陰，因此練了一輩子，就只有氣感，頂多光感，真正的金丹，一輩子都不出現，那就是沒有陰陽練透，差一點點，就練不成。


夫婦交會時，洞房雲雨作。
一載生箇兒，箇箇會騎鶴。


這是最後一句了，各位看到這裡，就知道煉丹過程強調陰陽，烏肝兔髓是陰陽，鉛汞也是陰陽，水火也是陰陽，各種陰陽反覆。所以「夫婦交會時」，也是強調陰陽，「洞房雲雨作」，也是一樣的意思，陰陽交會之時，會產生各種作用，最後「一載生箇兒」就是金丹真人了。「箇兒會騎鶴」，就是飛行的意思，真人到底如何飛行，目前以我手頭上拿得

到的資料，還有我個人的練習經驗，我認為這個所謂的「飛行」，並非真的飛行，而是有「飛行的姿勢」，也就是所謂的真人會以飛行的姿勢出現，例如敦煌的飛天姿勢，就是真人的其中一種樣貌。

而搬運法則把飛行解釋為真的去飛行了，並且將飛行夢解釋為出體陽神的飛行，但是當真的練到那裡的時候，會知道，飛行夢根本就是欲界幻境，根本不到金丹真人的程度。

當然我說這些，只是因為我只有很少的證據，我也希望能夠栽培出來更多人，能有二階段陽生、三階段陽生，凝聚金丹、真人，並且能夠實際來驗證這個說法，也就是飛天並非是飛行夢，而是具有飛行姿勢的真人型態。

# 第三章　七言律詩十六首

不求大道出迷途，縱負賢才豈丈夫。
百歲光陰石火爍，一生身世水泡浮。
只貪利祿求榮顯，不顧形容暗悴枯。
試問堆金等山嶽，無常買得不來無。

這首就是勸世文的部分，意思就是說你不求大道走出人生的迷途，即使你有很強的能力，怎麼會是頂天立地的大丈夫？也只不過是貪圖利祿，用生命換取金錢的凡人而已。張伯端還問你，就算金山銀山，能買來無常不來嗎？無常就是死亡，即使你坐擁金山銀山，你還是要面對死亡，意思就是修煉可以超越死亡。

人生雖有百年期，壽夭窮通莫預知。
昨日街頭猶走馬，今朝棺內已眠屍。
妻財拋下非君有，罪業將行難自欺。
大藥不求爭得遇，遇之不煉是愚癡。

人雖然能活到百歲，但是什麼時候要死也是不知道的，昨天可能還在騎著馬逛街，今天可能已經躺在棺材內了，這個時候留下的財產妻子也都不是自己的了，生前做過什麼壞事，死後也都難以自欺欺人，可能就要接受閻羅王的審判，這個部分應該就是張伯端這個古人的價值觀了，古代人普遍

有死後審判的價值觀。大藥就是金丹，意思就是大藥不求，怎麼遇得到呢？如果好不容易遇到了，卻還不練，這是愚痴的行為。這段依舊還是勸世文的一部分。爭，意同怎。

> 學仙須是學天仙，惟有金丹最的端。
> 二物會時情性合，五行全處虎龍蟠。
> 本因戊己爲媒娉，遂使夫妻鎮合歡。
> 只候功成朝北闕，九霞光裡駕祥鸞。

「學仙須是學天仙」，關鍵在「天仙」二字。《悟真篇》是宋朝所寫，比較早提到天仙二字的，有晉朝的葛洪。

晉朝葛洪《抱朴子・論仙》：「按《仙經》云：『上士舉形升虛，謂之天仙；中士游於名山，謂之地仙；下士先死後蛻，謂之屍解仙。』」

從葛洪的《抱朴子》來看，我們知道有一本遺失的古書《仙經》是這樣分類的。而張伯端說學仙必須要學天仙，因為金丹是最高等的。

這裡講的二物並沒有很清楚地寫出是什麼，因此我們必須要往後面找。

「先把乾坤為鼎器，次搏烏兔藥來烹。既驅二物歸黃道，爭得金丹不解生？」

請看本書後面這段，很明顯的「二物」就是烏兔小藥，「二物會時情性合」烏兔小藥會合時，性情合，陰陽同類相求，就能產生作用，煉製出金丹。

「五行全處虎龍蟠」，張伯端在《悟真篇》使用到「五

行」，水火代表氣和神火，金代表兔髓，木代表烏肝，土代表真意。神和氣在真土之下，轉換為烏肝兔髓，虎代表兔髓，龍代表烏肝。

「戊己」就是土，也就是意，清淨的意就是媒介，讓夫妻，就是水火，可以交會烏肝兔髓小藥。

只為了「功成」之後，可以「朝北闕」，闕就是城門兩邊的塔，引申為城門，意思就是朝北方的城門。北方的城門是什麼呢？北方就代表腎，功態開始之後，腎氣就開始往上升。腎氣往上升之後，就產生烏肝，烏肝就是身體氣場的光，因此最後一句說「九霞光裡駕祥鸞」，非常白話地說明了腎氣上升之後就產生光。

「九霞光」的九代表陽，陽的最大數就是九，所以九霞光就是陽氣到了頂點之後，產生如彩霞一樣的光。「駕祥鸞」指的是在天上飛，烏肝的氣就是朝上，所以這兩句用了「朝北闕」、「駕祥鸞」點名了烏肝的陽氣就是朝上走。

我們在某些派別可以看到，直接守竅在頭，也是一樣可以產生光，所以烏肝光的作用區就是氣在上，屬陽，烏肝光就是陽氣到了極點的時候，就會產生霞光。相反的兔髓的作用區就是下，屬陰，在意識下沉到極點返陽的時候才會出現。

因此有些搬運法聲稱要把氣感練強，就是一直繞行小周天，其實這是歧路，氣感變強跟氣變強是兩回事。氣的感覺強其實是阻力強，氣變強是轉化成烏肝光，氣到了極點就會變成光，變成光才是真正強，才有辦法轉化神。因為根據《參同契》，烏肝光本身就是陽神，也就是轉化神的第一步

驟；而兔髓則是陰神，是轉化神的第二步驟。陰陽互轉，才
能真正煉就金丹。

> 此法真中妙更真，都緣我獨異於人。
> 自知顛倒由離坎，誰識浮沉定主賓。
> 金鼎欲留朱裡汞，玉池先下水中銀。
> 神功運火非終夕，現出深潭日一輪。

「此法真中妙更真，都緣我獨異於人」，這個修真方法
非常奧妙，都是因為我跟別人不同。

張伯端的《悟真篇》中，用了非常多的「顛倒」。請參
閱後面這段：「日居離位翻為女，坎配蟾宮卻是男。不會箇
中顛倒意，休將管見事高談。」這段算是把張伯端的「顛倒
之意」講得最清楚了，這段的顛倒意看懂了，後面就全懂
了。

有一種解釋來自搬運法，是說火往下，所以才能把底下
的水蒸發上去，形容小周天的任督循環，認為本來在下方腎
的水，經過火的蒸發之後，往上移動形成小周天。但是這種
解釋，有一個很大的問題，就是小周天雖然從背部往上，但
是還是會往下啊，他是繞圈，可不是一廂情願地往上，而且
這種搬運法的解釋，根本無法解釋「日居離位翻為女，坎配
蟾宮卻是男。」各位先翻閱到後面這段，就能知道顛倒意是
什麼意思。

各位看了之後就知道，「日居離位」是火，屬於陽，卻
翻為女，陰，這講的是神火轉變成兔髓，火生金。「坎配蟾

宮」是水，屬於陰，卻是男，陽，這講的是腎氣轉變成烏肝，水生木。這樣就和五行相反了，五行是金生水，木生火，結果煉丹道的路線卻是，水火生金木，剛好顛倒過來。

所以這時候再來看，「自知顛倒由離坎」，離是火，坎是水，就知道這句是講，由離坎水火，顛倒轉換成金木烏肝兔髓。

「誰識浮沉定主賓」，上面講到顛倒，本是金木生水火，煉丹卻成為水火生金木的流程，而這個過程中意識的浮沉決定了主賓。水火相交時，用的是武火，意識為上浮狀態，以後天意識為主。但是到了金木烏肝兔髓階段，就不能以後天意識為主了，後天意識必須退為賓，不可進火，也就是後天意識必須下沉。在烏肝木的階段，為文火，還有些後天意識，到了兔髓金的階段，後天意識已經完全下沉了。因此這個「浮沉定主賓」，講的就是水火生金木的過程中，後天意識的角色和地位：水火相交時，後天意識為上浮，為主，武火；金木相交時，後天意識為下沉，為賓，文火，止火。

意識的浮沉是《悟真篇》非常重要的一個論點，因為這一點在其他的經典中，很少講得這麼清楚。老子《道德經》也只有說到恍惚，但是並沒有很明確地說到跟恍惚之間的交替的是什麼。直到張伯端把浮沉說得這麼具體，加上烏肝兔髓的產生時機，這樣就非常清楚了。

只是搬運法練陽不練陰，很難練出兔髓，因此就沒辦法得知其中的奧祕。不只搬運法練陽不練陰，幾乎所有的門派都是如此，幾乎都在後天意識底下用功，頂多也只能做到

「最後一念」，沒辦法做到把最後一念放掉，因此這個奧祕竟然千年以來，少人破解。希望我在這裡分享這個奧祕，有人能因此而練出成就，圓月、金丹、真人都不是問題，只要用功就可以了。張伯端批評當時流行的搬運法，不知浮沉定主賓，只知氣機搬運，很遺憾的，一千年過去了，現在還是一樣，大家還是不知道浮沉定主賓。

「金鼎欲留朱裡汞」，金鼎就是玄關。朱就是火，就是神火。汞，就是精煉化的神火，因此就是兔髓。「玉池先下水中銀」，玉池也是玄關。水就是氣，銀就是精煉的氣，因此就是烏肝。這句話的意思是，如果想要有兔髓，就要先有烏肝。這句話很明顯地把烏肝和兔髓出現的順序，講得清清楚楚，烏肝必須先產生，才能產生兔髓。

我知道有很多人已經可以看見如極光一樣的烏肝，但是兔髓卻很少人出現，甚至還有不少人在質疑修煉當中的光，認為光是完全不存在的。修煉當中的光不僅存在，而且隨著意識一層一層地演化，只有意識完全沒有演化的人，才會沒有光。

「神功運火非終夕，現出深潭日一輪。」功態當中出現太陽，有三種情況：第一種是欲界定太陽，這種並非在深潭之中；第二種還是欲界定太陽，欲界定太陽到快要化陰完成之際，會變成紅太陽；第三種就是三階段陽生，這時候的太陽，已經是金丹了。

這時候的玄關跟之前烏肝的玄關完全不同，可以感受到非常清朗的空間，所以稱為深潭。這時候的太陽，也就是金丹，是經歷陽生三階段各種功態轉變過來的，包含滿月、飛

雪、大曼陀羅等等。明亮而穩定，跟欲界定太陽的昏暗刺眼完全不同。

神功運火不是短期的，而是長期堅持的，最後終於出現「深潭日一輪」的內景，深潭就是虛空玄關竅，日一輪就是內景。出現日一輪有兩種情況，一種是欲界定幻境，這時的日一輪是沒有深潭的，只有虛空玄關竅裡面的日一輪內景才有深潭，但是沒有兩個都練到的人，只有欲界定幻境的人，根本不知道什麼叫做「深潭日一輪」，這是 beyond any experiences。

搬運法的《大成捷要》一書，把幻境當成出神，把欲界定太陽當成金丹，整天搞氣機搬運，最後把幻境當成出陽神了。

> 虎躍龍騰風浪麤，中央正位產玄珠。
> 果生枝上終期熟，子在胞中豈有殊。
> 南北宗源翻卦象，晨昏火候合天樞。
> 須知大隱居廛市，休向深山守靜孤。

虎就是兔髓，龍就是烏肝，「虎躍龍騰風浪麤」，形容當烏肝和兔髓在交互作用的時候，氣是很粗暴的。麤就是粗。有不少搬運法練習者把烏肝當成金丹，但是在這裡我們看到張伯端形容烏肝兔髓這個交替的過程是很粗暴的，這個氣是很粗的，這個粗是跟誰比較呢？當然是跟第三階段的陽生比較。沒有練到第三階段陽生的人，很難體會什麼叫做粗暴的氣，甚至很多人就把兔髓階段當成很高深的入定態了，殊不

知烏肝兔髓都是風浪粗啊。

在經歷烏肝兔髓之後，在中央正位產生二階段陽生的「玄珠」。玄珠有各種形狀：圓形、方形、三角形、六角形、文字形、印章形等等。因為二階段陽生有非常多奧妙的內景，因此難以形容，只好說是玄珠。

「果生枝上終期熟，子在胞中豈有殊。」這段話是用來解釋胎仙就跟水果一樣，練到某個程度就會成熟。但是我必須很誠實地說，用搬運法的方法練一輩子也不會成熟，因為搬運法把下腹部跳動的氣當成胎。

另外我必須強調的是，搬運法練習者程度比較好的才會有下腹部跳動的氣，程度比較差的人，氣是沒辦法在下腹部跳動的，只會全身繞圈，他們稱之為小周天。所以如果有人說氣不會只有在下腹部，而是全身繞圈，那你就知道這個人的程度在哪裡，因為他的程度比其他練搬運法的人程度還要差。氣的演化一開始都是大範圍大面積，隨著程度的加深，才會往內收斂，只有程度很差的人，才會一直產生大範圍的氣流。所以我用下腹部的氣這個說法，其實還是針對搬運法練習者當中程度比較高的人，而非程度比較差的，氣只能在全身運行的人。所以我們知道搬運法練到程度比較高了之後，他們會把在下腹部跳動的氣稱為胎兒，但事實上並非如此。即使是在下腹部跳動的氣，依舊程度很初階，氣很粗，依舊不是胎兒。

胎仙是陽生三階段產生的內景，直到產生真人的身影，就算是胎仙。胎兒則是從陽生二階段產生的內景，都算胎兒。嚴格來說，胎應該是指在虛空玄關這個環境下的內景才

算胎。

　　氣感收斂到腹部跳動之後，就會開啟烏肝光。烏肝光之後領悟中觀不二，就會產生兔髓光。產生兔髓光之後跟烏肝光交替出現，就會產生二階段陽生。練到成熟了之後，就會產生三階段陽生。三階段陽生演化成熟之後，就會產生胎仙。

　　這一整個演化過程就跟水果在枝頭成熟一樣，「子在胞中豈有殊」，子就是還沒有成熟為金丹之前的玄珠，胞就是玄關竅，豈有殊，難道有什麼特別的嗎？有什麼不一樣的嗎？沒有不一樣，就是一樣的情況，練到後來就會自然成熟，大自然演化的道理都是一樣的。

　　「南北宗源翻卦象，晨昏火候合天樞。」這段講的是水火顛倒的丹道原理，也就是腎水原本在下，顛倒成在上面的烏肝；而心火原本在上，卻顛倒成在下的兔髓。烏肝屬陽在上，兔髓屬陰在下，烏肝來自於腎水，兔髓來自於心火，所以用翻卦象來講，表示顛倒原來的位置。原本南在上、火在上、北在下、水在下，練了之後，變成南在下、火在下、兔髓在下、北在上、水在上、烏肝在上。

　　早晨就是陰極生陽，黃昏就是陽極生陰，這樣的一個陰陽轉換，是合乎天地轉換的道理，樞就是樞紐，就是轉換，天地轉換的道理，也就是陰陽相生的道理。

　　「須知大隱居廛市，休向深山守靜孤。」這是夏元鼎版的；「須知大隱居朝市，休向深山守靜孤。」翁葆光版；「須知大隱居廛市，何不深山守靜孤。」陳致虛版；「須知大隱居廛市，何必深山守靜孤。」劉一明版。雖然各版本略有差

異，但是意思上差異不大，意思都是：必須要知道，真正偉大的隱者是住在平民老百姓住的塵世之中，不需要跑到深山裡面去孤獨守靜。真正的修煉者，即使住在市區，也照樣能練，不需要非得跑到山裡面去出家孤單一人。

> 人人盡有長生藥，自是愚迷枉擺抛。
> 甘露降須天地合，黃芽生要坎離交。
> 井蛙應謂無龍窟，籬鷗爭知有鳳巢。
> 藥熟自然金滿屋，何須尋草學燒茅。

從張伯端的宋朝時代就有這種情況，張想要分享長生修煉法，愚蠢的世俗之人卻拋棄不要，這就是老子感慨下德之人無法領略道理的原因，高深的道一向不是世俗之人所能理解的，不管是老子、佛陀，或是張伯端，都有同樣的感慨。

「甘露降須天地合，黃芽生要坎離交。」夏元鼎版；「甘露降時天地合，黃芽生處坎離交。」陳致虛版；翁葆光版缺。夏版和陳版的意義稍有不同，主要是在因果上不同，夏版的意思是「天地合」為因，「甘露降」為果，「坎離交」為因，「黃芽生」為果。而陳版則是「甘露降」為因，「天地合」為果，「黃芽生」為因，「坎離交」為果，與事實較為不符合，因此本書採用夏元鼎版。

在搬運法裡面「甘露」通常解釋為口水，屬於氣機運行時產生的口水。但是這裡的甘露就不是這個意思了，我們要看前面有一段類似的：「天地交真液，日月合真精。會得坎離基，三界歸一身。」，從這段可知「真液」是烏肝，而不

是口水，故可知張伯端通常使用水的精華代表烏肝，因為烏肝來自於腎氣——水，因此「真液」、「甘露」都是屬於「水的精華」——烏肝。「天地合」就是水火合，產生水之精華——甘露、烏肝。而「黃芽」就是剛開始出現的兔髓，是出現在烏肝之後的「坎離交」，也就是陽極生陰，陰極生陽之後的陽生，就會產生剛開始的兔髓——「黃芽」。兔髓剛開始產生於陽生，白中帶黃，故稱為黃芽，只要兔髓一產生，二階段陽生就有可能在下一次的陽生當中產生，故稱為黃芽，取其金丹發芽之意。「甘露降須天地合，黃芽生要坎離交。」的意思為，要出現烏肝，必須要先水火合，要出現黃芽兔髓，必須要先坎離交。

　　「井蛙應謂無龍窟，籬鷗爭知有鳳巢。」張伯端又在這句話罵人了，可惜很多人都看不懂，這句話就是比喻無知愚蠢之人否認玄關竅的存在，從張伯端的話來看，這種人一直都是存在的。

　　關於「井底之蛙」，這故事是來自於《莊子・秋水篇》，在《荀子・正論》中也有「坎井之蛙」的說法，寫道「淺不足與測深，愚不足與謀知，坎井之蛙，不可與語東海之樂。」莊子早就告訴我們，面對這種世俗人該怎麼處理。井底之蛙的故事是莊子所說的，卻經常看到作為小孩子的童話故事，小孩子從小就被教導要往更寬廣的世界看，不要限制在自己的狹小範圍之內。但是莊子所說的不只是這樣的哲學，因為道家修煉本身跟次第高度相關，如果沒有達到一定的程度，那是絕對不可能了解對方的說法，這邊張伯端的說法主要是講很多人程度不到，無法了解烏肝和兔髓狀態下的

玄關，就像是井底之蛙一樣，無法了解東海的寬廣。

「藥熟自然金滿屋，何須尋草學燒茆。」為夏版；「丹熟自然金滿屋，何謂尋草學燒茅。」為陳版；「丹熟自然金滿屋，何須尋草學燒茅。」為劉版。夏版之「茆」為「茅」之古字，意義差別不大。但是夏版的「藥熟」和陳版劉版「丹熟」意義還是有差別的，藥熟的意思是烏肝兔髓小藥煉熟，丹熟的意思是金丹成熟，兩者主詞不同，含義也不同。一個是指平常煉的是小藥，小藥煉熟了，金丹就會出現；一個是指平常就煉金丹，金丹煉熟了，就成就真正的金丹。就實際修煉程序來說，當然是夏版的比較合理，因為平常煉的就是小藥，小藥煉熟了，金丹才會乍然出現。也就是平常煉的不是金丹，金丹是小藥熟了才會出現。

這一點就和搬運法有很大的不同，搬運法把烏肝小藥當成金丹，因此當烏肝出現，就認為成就金丹，開始在煉金丹。但是這和張伯端的說法有很大的差異，張伯端的說法是平常煉的都是烏肝兔髓小藥，小藥煉成熟了，金丹才會自然而然地突然出現。

「藥熟自然金滿屋，何須尋草學燒茅。」小藥成熟自然金光滿屋，何必去尋找藥草學習燒煮藥材呢？張伯端這句話自然也是在批評錯誤的方法。佛陀的第一個學生，舍利弗，說過類似的話——錯誤的路有許多，正確的路只有一條。一個修行者在找到正確道路的過程中，一定會看到許多錯誤的道路，而他在分享修行心得的時候，一定會把看到的錯誤分享出來，這是非常正常的行為，不管是張伯端或者佛法修行者都是一樣的作法。

這裡所講的這個錯誤的方法，在這個時代是比較少見的，可以說是沒有的。因為煉製草藥，把草藥當成丹道並非是現代常見的謬誤，現代常見的謬誤大多是搬運法所塑造出來的各種價值觀，比較常見的是把黃色的烏肝當成金丹，這是最常見的謬誤。

　　另外關於井底之蛙，有一個謬誤，就是這隻青蛙原來在《莊子》的文章中並非是在井底，而是在陷阱裡面，後來才延伸使用變成井底。如果《莊子》使用的是「陷阱」，那就更符合修煉當中會遇到的現象了，因為在修煉當中，陷阱是非常多的，每一個陷阱都代表一個內心的黑暗面。例如追求強大的氣感，就是一種貪欲的黑暗面，這些陷阱將修行者困守在一個地區，無法產生演化，練到更深的地方。因此這些人只能用短淺的眼光來看世界，所以莊子才說淺薄的沒辦法測量深的，由此可知莊子真的是非常感嘆，人的溝通是很困難的，當然我對人的難以溝通也有同樣的感嘆。所有的經典，所有的大師都告訴我們，面對這樣的人的時候，是沒辦法溝通的，只能退守內心的一點真心，把精力保留給真正重要的人，這個重要的人當然也包含自己。

> 要知產藥川源處，只在西南是本鄉。
> 鉛過癸生須急採，金逢望遠不堪嘗。
> 送歸土釜牢封閉，次入流珠配廝當。
> 藥重一斤須二八，調停火候托陰陽。

劉一明：「西南者，坤方，為月晦極復蘇，陰極生陽之地，在人為靜極初動之時，這個靜極之動，即是大藥發現之時。」西南是坤，講的是方位，在丹道裡面講的是狀態，也就是極陰的狀態。

「要知產藥川源處」，想要知道產生藥的來源，這裡採用劉一明的說法，「只在西南是本鄉」，「西南」就是陰極生陽的地方，這裡的藥，應該是不分大藥小藥，烏肝兔髓小藥在這個地方產生，大藥也是一樣的。

如果你的程度是只有氣感，你完全看不見任何光，那麼你最初的烏肝小藥，也會從陰極生陽的地方開始出現，當你的烏肝產生能力穩定之後，就可以在最初的陽就出現，也就是你最初的陽，不會只有氣而已，你可以進化到烏肝光。

同樣的，大藥也是一樣的情況。最初的大藥也是從陰極生陽的地方產生，直到三階段陽生的程度之後，當你有穩定的產生大藥的能力，才會變成從第一個陽的地方出現。這段話是說要知道產生藥的來源，就是在陰極生陽的地方。

「鉛過癸生須急採，金逢望遠不堪嘗。」本句應是來自呂純陽的〈鼎器歌〉：「鉛遇癸生須急采，金逢望遠不堪親。」癸是天干最後一個，甲乙丙丁戊己庚辛壬癸，女子的月經稱為天癸，所以我們知道癸就是陰的意思，癸生就是陰到了極限，要轉變成陽之前的狀態。這裡同樣講的就是陰極生陽的地方，到了陰極生陽的地方要急需採，這個採就是注意力灌注在這裡，陰極生陽就是練到恍惚之後要清醒過來的霎那，就是陰極生陽，很多人站起來拍拍屁股走人，以為練完了，真是大錯特錯，這個節骨眼才是最重要的，要提起覺

知，急需採。

　　採了之後發生什麼事情了？鉛就化為金，從原來的比較粗的後天氣鉛，變成精細的先天氣金，這個先天氣金就能產生二階段陽生內景，這個二階段陽生內景霎那就會消逝，所以這裡的金在很短的時間內，從無到有，出現之後，一下子就沒了。望後，望就是滿月，代表圓滿的意思，當然這裡不會一下子就冒出滿月，所以這裡的意思是二階段陽生內景這個金氣，從出現到圓滿，一下子就沒了。如果過了圓滿的時機，想要再繼續產生這個先天金氣，就沒辦法了，一下子而已。所以才有「急」這個字眼，這個時機沒把握住，或者即使有把握住，也是一下子就過去了。

　　不要看不起這個時機很短，如果沒有把握這個時機，沒有讓先天金氣有演化發展的機會，就沒辦法把金丹煉成熟，因為這個時機就是培養金丹初期狀態的時機。

　　「送歸土釜牢封閉，次入流珠配廝當。」流珠是指《周易參同契》裡面講的「太陽流珠」，「太陽流珠，常欲去人。卒得金華，轉而相因，化為白液，凝而至堅。」，這裡的太陽流珠講的是汞，也就是神火，剛開始的汞常常要離開人而去，意思就是雜念紛飛，注意力無法集中。練到一個程度之後，就產生金華，這裡的金華就是指烏肝光，轉而相因，跟兔髓兩者陰陽互轉，互為宅室，而化為白液，白液就是兔髓，凝結而非常堅硬，是什麼凝結呢？當然就是先天氣金，也就是二階段陽生到三階段陽生的初期金丹演化，就是烏肝兔髓兩者陰陽互轉所凝結出來的結果。

這段《周易參同契》看懂之後，再來看「送歸土釜牢封閉，次入流珠配廝當。」就清楚了，把烏肝送入土釜牢牢封閉，然後再放入兔髓相配相當，同樣講的是烏肝兔髓的陰陽互轉。

「藥重一斤須二八，調停火候托陰陽。」這裡的藥指的就是小藥，烏肝兔髓小藥，一斤十六兩，二八就是十六，意思就是小藥的分量要夠，而火候就是靠陰陽互轉，這樣就能開始產生金丹煉製的程序了。

> 休鍊三黃及四神，若尋眾草更非真。
> 陰陽得類歸交感，二八相當自合親。
> 潭底日紅陰怪滅，山頭月白藥苗新。
> 時人要識真鉛汞，不是凡砂及水銀。

劉一明《悟真直指》：「三黃者，琉黃、雄黃、雌黃也；四種者，朱砂、水銀、鉛、硝也。」上一段說過把金丹當成吃的丹藥，這個是古代才有的事情，現代因為受到氣功潮的影響，這種思想已經沒有了，所以「休鍊三黃及四神」是張伯端在批評那個時代有人把金丹當成吃的丹藥。鉛汞是氣和神的代名詞，有的人就當成真的鉛汞，所以張伯端一直在強調這一點，想必那個時代這種情況還是挺嚴重的。「若尋眾草更非真」，也是同樣的情況，把藥草當成烏肝兔髓這種小藥。

「陰陽得類歸交感」，夏元鼎和翁葆光版皆為此；陳致虛版為「陰陽得類俱交感」；劉一明版為「陰陽得類方交

感」。本書採用夏版和翁版，因為此兩版較早，而且同樣使用「歸」。雖然以上四版用字不同，但意義上依舊沒有太大差異。

「陰陽得類歸交感」，陰陽要遇到同類才能歸於交互感應，這個同類陰陽是什麼？就是烏肝兔髓小藥，《悟真篇》講來講去都在講烏肝兔髓。只有烏肝而沒有兔髓是練不出金丹的，很多人練出烏肝的黃色光，就以為是金丹了，其實還差十萬八千里遠，只有烏肝是練不出金丹的，必須還要有兔髓。兔髓生於陰，烏肝生於陽，兩者相類似，交替互轉，才能陰陽交替產生金丹。

「二八相當自合親」，兩個八就是十六，一斤十六兩，足斤足兩才能產生金丹，一半的烏肝，一半的兔髓，兩者分量一樣重要，偏陰或者偏陽都練不成金丹。例如某些宗派專門練入定態，出現如棉絮般的白光，就一直停在白光，卻難以演化，這就是偏陰造成的。某些派別專門練烏肝光，甚至特別專門練下腹部的烏肝光，產生橘黃色的烏肝光，就以為是金丹，一直停在這個橘黃色的烏肝光，也同樣難以演化，這就是偏陽造成的。偏烏肝，或者偏兔髓，都無法產生金丹，只有兩者交替，各占一半，才能產生真正的金丹。

「潭底日紅陰怪滅，山頭月白藥苗新。」這兩句是張伯端發威了，直接把快要成功的兩種內景講出來了。「潭底日紅陰怪滅」，這是欲界快要消失的內景，欲界定太陽剛開始通常會以燈光的形式出現，後來會以太陽的形式出現，到了陰快要滅絕之前，會以燦爛的夕陽形態出現。所以這是一個化陰快要完成的跡象之一，當然化陰完成還有很多跡象，這

只是其中之一。很多跡象都會在很短的時間內同時發生，除非親身經歷，否則很難了解為什麼經典當中，有這麼多神奇的描述。

有人問我說如何知道自己練到某一個程度了，其實到了某個點的時候，這些經典當中的描述，會在很短的時間內，同時出現，那時候自己心裡就會有點知道了，只是很難找得到人印證，因為能練到這裡的人，幾乎是找不到的。

「潭底日紅陰怪滅，山頭月白藥苗新。」潭底指的是欲界定中比較深的恍惚狀態下所出現的日紅，這是陰滅的跡象之一。而山頭則是清醒狀態所產生的圓月，並非是類似於圓月光輝的兔髓，兔髓發於陰，是在比較深層的入心竅狀態下產生的，而潔白無暇的超級大圓月則發於陽，跟兔髓發於陰正好相反。

這個若非親身經歷，是沒有人可以告訴我到底是怎麼回事的，雖然張伯端寫得這麼白話，但後代修煉者若非親身經歷，是無法了解什麼是潭底，什麼是山頭的，並非只是寫詩的對仗，而是牽涉到神的浮沉在即將面臨升級時候的內景轉變。也就是「潭底日紅陰怪滅」是神沉的狀態下產生的，因此用「潭底」。而「山頭月白藥苗新」是神浮的狀態下產生的，因此用「山頭」。「山頭月白藥苗新」是在神浮的狀態下產生，和兔髓是在神沉的狀態下產生是不同的。

另外容易搞錯的，還有白色的烏肝，也有不少人把白色的烏肝誤認為兔髓或者圓月。白色的烏肝屬於身體的氣場，因此出現的白光大多會移動，即使沒有移動，偶而呈現圓形，邊緣也是霧邊，非如圓月和進階兔髓一般有明確銳利的

邊緣。

因此這邊必須要小心，不要把發於陽的白光烏肝誤認為圓月，也不要把發於陰的兔髓也誤認為圓月。經常可以看到有不少人看到白光就以為是圓月了，其實還只是小藥階段，並非是大藥。

「山頭月白藥苗新」，這個藥指的是大藥，這裡已經不是烏肝兔髓小藥了，圓月已經是大藥的開始，所以稱為「藥苗新」。

這兩句描述並非是「類似」、「比擬」或者「隱喻」，而是超級大白話，赤裸裸地描述真實的內景，而從眾多註解悟真篇的文章看來，並未有註解者真的練到這個地方，因此這兩句話多被註解者解釋為「隱喻、比喻」，而從來未曾有人發現張伯端的心意，知道他是赤裸裸地把內景給說得非常真切了。

「時人要識真鉛汞，不是凡砂及水銀。」講完赤裸裸的大藥起點內景之後，又回到勸告世俗之人，不要再把那些礦物當成鉛汞了，丹道裡面的鉛汞不是那些礦物。

> 莫把孤陰為有陽，獨修一物轉羸尪。
> 勞形按引皆非道，服氣餐霞總是狂。
> 舉世謾求鉛汞伏，何時得見龍虎降。
> 勸君窮取生身處，返本還元是藥王。

「莫把孤陰為有陽，獨修一物轉羸尪。」這句話有兩個版本：夏元鼎版和翁葆光版的「莫把孤陰為有陽」；陳致虛

版和劉一明版的「陽裡陰精質不剛」。不管是「陽裡陰精質不剛」或是「莫把孤陰為有陽」意思上差異不大。

「陽裡陰精質不剛」指的是「凡涕、唾、津、液、血、氣，皆是陰精。其質不剛，身存則存，身亡則亡，隨幻身而有無之。若修此陽裡陰精一物，而欲保命全形，轉覺贏尪，事終難成。」（劉一明《悟真直指》）。而「莫把孤陰為有陽」，陳摶的《指玄篇》提到「涕睡精津氣血液，七者元來盡屬陰。若將此物為仙質，怎得飛神貫玉京。又曰：四大一身皆屬陰，不知何物是陽精。有緣得遇明師指，得道神仙在只今。」（三民書局，《悟真篇新譯》）

從以上兩段得知兩句的意思都是相同的，這些身體四大所產生的都是陰，各位注意看，包含「氣」在裡面喔，「獨修一物轉贏尪」如果只練這一樣，身體就會變成贏弱，意思就是身體會變虛弱。

「莫把孤陰為有陽，獨修一物轉贏尪。勞形按引皆非道，鍊炁餐霞總是狂。陽裏陰精，己之真精也，是一也。精能生炁，炁能生神，榮衛一身，莫本於此。油盡燈滅，髓竭身亡。此言精炁實一身之根本也，奈何此物屬陰，如朱砂內含水銀，亦如木中之生火，火性好飛，易失難擒，不受鍊制。若不得混元真一之陽丹以伏之，無由凝結以成變化。如只修此一物，轉見贏尪。」

上面引述的是在象川無名子翁淵明《悟真篇註釋》一書中，把「莫把孤陰為有陽」作為原文，把「陽裡陰精」作為註解，從這裡來看，「莫把孤陰為有陽」作為原文的可能性是比較高的。

但是因為劉一明的《悟真直指》、陳致虛版和三民書局劉國樑悟《悟真篇新譯》都把「陽裡陰精質不剛」作為原文，而且意思和「莫把孤陰為有陽」差異不大，所以這邊也提一下「陽裡陰精質不剛」。

這一段我們要看的重點，是在於如果我們練的是身體四大的產物，那麼將無法煉成金丹，而且越練身體越差，特別要注意的是，氣也是身體四大的產物，並非是所謂的先天氣。某些搬運法的說法是只要是自動運轉的氣就是先天氣，所以在這邊特別提出來，氣也是後天身體四大產物之一，並不能直接拿來煉丹，必須經過烏肝陽神、兔髓陰神反覆鍛鍊之後，產生先天大藥，才能煉丹。而張伯端在這段講得更明白了，獨修孤陰身體四大產物，越練身體越差。

「勞形按引皆非道，服氣餐霞總是狂。」這裡張伯端批評了幾種練法，勞形按引就是一些動作，像各家氣功都有自己的獨門動作，張伯端說這些不是道。服氣餐霞，採氣或以霞光為餐可以練到不吃東西也能活，總是狂，張伯端也不認同這種練法，佛陀也是有一樣的情況，佛陀也曾經練過很嚴格的斷食法，後來也是認為這不是正道。但是即使在現代，還是有很多人信奉辟穀，認為有能力辟穀的人才是真正的大師，能一個月不吃不喝的才是真本事，這種人在古代就有了，確實能夠令人震撼，是很狂沒錯，但是依然不是正道。

「舉世謾求鉛汞伏，何時得見龍虎降。」很多人在找如何降伏鉛汞，什麼時候才能降龍伏虎呢？之前說過龍、青、東方木，代表烏肝；虎、白、西方金，代表兔髓。也就是說很多人都在找方法，有看過誰能練出烏肝兔髓呢？確實，能

練出烏肝兔髓兩者的人太少了，即使現代能練出烏肝的人多了很多，因為有了不少冥想光的方法，有很多人知道光也是修煉的重要特徵之一，因此練出烏肝的人已經相當普遍常見了，但是練出兔髓的依舊很少，練出烏肝兔髓陰陽交替的，幾乎已經找不到了。而這種現象，在張伯端的時代，也是同樣的情況。

「勸君窮取生身處，返本還元是藥王。」張伯端寫這是就是心存一片善意，希望大家能夠回頭，以上窮碧落下黃泉的心態，取生身處，往最初的源頭究竟下去，回到最根本之處，才是大藥的本源。這個生身處可不要誤解成生孩子的地方，可不是把注意力放在下腹部啊，如果這樣想，那就真的又掉入「把孤陰為有陽」的狀態了。這個生身處就是本來的覺，最深度的覺，最根本的覺，生而為人的最初的覺，並非是身體的某個位置。

好把真鉛著意尋，莫教容易度光陰。
但將地魄擒朱汞，自有天魂制水金。
可謂道高龍虎伏，堪言德重鬼神欽。
已知永壽齊天地，煩惱無由更上心。

「好把真鉛著意尋」，真鉛，就是烏肝。請參閱本書後面「若問真鉛何物是，蟾光終日照西川」的解釋。

「著意尋」，刻意去尋找，在氣的狀態下，注意力是移動的，不固定的，因此需要用意念去尋找，剛開始氣的產生是很微弱的體感，所以要用意念去找。這個說法跟佛陀講的

「有尋有伺」是同樣的道理，剛開始的時候注意力非常容易移動，所以要尋找好的現象去擺放，這個好的現象就是氣，把注意力放在氣上面，轉化就會慢慢產生，注意力會被慢慢固定在氣感上面，產生一心境，然後轉化成為真鉛烏肝，到了烏肝出現，注意力就更容易被收攝在烏肝上面，因此這個狀態是無尋無伺，到了後面要出現兔髓就更難了，必須要返本還元才有辦法讓兔髓出現。「莫教容易度光陰」，這句話，從字面上就可以理解，是要大家把握時間，不要浪費光陰。

「但將地魄擒朱汞，自有天魂制水金。」各位知道魄就是兔髓，魂就是烏肝，兔髓生於陰，所以說地魄，這個地代表陰。烏肝生於陽，所以說天魂，天代表陽。朱汞就是代表注意力，也就是神火，而水金代表氣。

「地魄擒朱汞」就是兔髓擒神火，「天魂制水金」就是烏肝制氣，前面說過神火演化出兔髓，氣演化出烏肝，這裡講的也是同樣的道理，張伯端花了很多力氣反覆地講烏肝兔髓的關係。

事實上在練的時候，烏肝很容易產生，兔髓就非常困難了。並不是有了烏肝就能產生兔髓，有烏肝未必有兔髓，而能練出兔髓者，通常已經是有了烏肝了。所以我們再複習一次，烏肝＝魂、陽、天、龍，產自鉛；兔髓＝魄、陰、地、虎，產自汞。

「可謂道高龍虎伏，堪言德重鬼神欽。」練到這裡，烏肝兔髓都有了，龍虎伏，降龍伏虎了，練到這裡道行就高了，能把烏肝兔髓練出來，離金丹也不遠了，自然算道行高了。練到這裡已經可以說是德重鬼神都欽佩，表示很厲害

了。

　　實際上練的時候，烏肝不難，很多人都能練出來，甚至有不少人不用練自然就產生烏肝，但是兔髓就不是那麼容易了，兩者能練出來，交替出現，那就少之又少，確實可以稱得上道行高，鬼神欽，因為能練出烏肝兔髓交替出現，離金丹也不遙遠，只剩下最後的努力了。各位看到本書最後面的《性宗直指》章節，就能看到張伯端早期研究性宗的一些詩詞，可以看出當時張伯端只有烏肝，而沒有兔髓，雖然在性宗的境界已經極高，對於禪宗的領悟、無我的領悟已經相當高，但是在實證上面，功夫還是不到家，缺了兔髓，沒有金丹，對於究竟法的眼界還是相當受限。因此兔髓能否練出代表一個功夫的里程碑，沒有兔髓，就很難產生金丹，雖然感覺境界已經相當高了，但還是離究竟有很大的距離，即使是張伯端也是一樣的。

　　「已知永壽齊天地，煩惱無由更上心。」這句同樣也是鼓勵的話，練到這裡就知道壽與天齊，有了金丹就壽與天齊，煩惱也不再存在了。

　　　黃芽白雪不難尋，達者須憑德行深。
　　　四象五行全藉土，三元八卦豈離壬。
　　　煉成靈質人難識，消盡陰魔鬼莫侵。
　　　欲向人間留祕訣，未逢一箇是知音。

　　黃芽和白雪是陽生二階段和陽生三階段的起點，黃芽是陽生二階段的起點，也就是會先產生黃芽，才產生陽生二階

段內景。同樣的，白雪是陽生三階段的起點，會先產生白雪，才陸續產生陽生三階段的內景。而黃芽同時也是兔髓的陽生起點，兔髓從陽生剛長出來的型態，就是黃芽，練到後來，才會正式進入化陰階段，形成兔髓圓月，此時才是純白。

練到白雪就已經快要進入真人階段了，「黃芽白雪不難尋」，意思就是練到這裡不難，「達者須憑德行深」，到達的人依靠的就是德性要夠深，不受旁門左道的影響，不受各種有為法的誘惑，不受宗教的迷惑，才有辦法在這麼多的思想迷宮當中，看見這條路。

「四象五行全丈土，三元八卦豈離壬。」四象——青龍、白虎、朱雀、玄武，講的就是水火金木——朱雀代表火；玄武代表水；青龍代表烏肝；白虎代表兔髓。朱雀玄武代表水火氣功態；青龍白虎就代表烏肝兔髓階段的入定態。五行，木火土金水，與四象類似，但是多了一個土。「全丈土」，土就是意，脾土，脾藏意，這個轉化的過程，就是靠著土的清淨環境，淨土真意。水火的氣功態靠的就是土的清淨真意，才能轉化成烏肝；金木的入定態，同樣也是靠著土的清淨真意，才能轉化成金丹。

「三元八卦豈離壬」，三元通常是指天、地、人；八卦是指「天、地、水、火、雷、風、山、澤」；壬是指天干的第九位，代表水之陽。三元天地人在此代表上中下三丹田，下丹田的腎氣是烏肝的來源，壬，陽水，水本屬陰，水火交融之後，轉為烏肝屬陽，故稱為陽水壬。而八卦則是陰陽開始運行，表示丹道的修煉從此開始，也是從陽水壬——烏

肝，開始進入陰陽運轉的流程。

「煉成靈質人難識，銷盡陰魔鬼莫侵。」靈質，就是金丹真人，人難識，練成金丹真人，一般人是很難理解的。陰魔，就是陰，化陰的陰，稱為陰魔，是因為在化解陰氣的過程中，會出現各式各樣的影像，故稱為陰魔。銷盡陰魔，就是陰氣全部化盡，進入純陽之體，這樣的狀態，鬼莫侵，這個鬼指的就是修煉過程中，會出現各種幻境，並非有一個外在的鬼。

各位讀者要注意的是，有不少修煉者，把陰魔的現象當成「出陽神」，或者「神通」，各位要分得清楚，幻境和真景是不同的，真景是什麼？在《悟真篇》當中都說得非常清楚，而幻境在《悟真篇》當中，則簡單僅以「陰魔、鬼」帶過。但是各位要知道，幻境在某些人身上是非常嚴重的，特別是有宗教信仰，或者相信「出陽神」、「神通」概念的人，這等人特別容易沉溺在陰魔的幻境當中，並以所謂的大師自稱，各位讀者要非常小心，避免上當，當然最好的方法就是自己練出整個流程，就可以避免被騙。

「欲向人間留祕訣，未逢一個是知音。」想要向人間留下這條路的訣竅，可是遇不到一個知音。張伯端跟我們不一樣，他那個時候還沒有網路，他講的這些東西，匪夷所思，不可思議，即使我活在網路時代，憑藉著有數億人使用的社交軟體，還是很難找到知音，更何況一個活在古代的人。

草木陰陽亦兩齊，若還缺一不芳菲。
初開綠葉陽先倡，次發紅花陰後隨。

常道即斯爲日用，眞源返復有誰知。

報言學道諸君子，不識陰陽莫強嗤。

這一段簡單多了，「草木陰陽亦兩齊」，草木也就是陰陽兩個都齊備。「若還缺一不芳菲」，這句話也很清楚，陰陽若缺其中之一就不芳菲了，孤陰不生，獨陽不長，只有練陰，或只有練陽，都是行不通的。單獨練陰就是只練入定，這種不練陽只練入定的方式，只能一個結果，就是頑空定，也就是置心一處，下場就是枯木死寂，練不到真空妙有，也不可能產生金丹。單獨練陽就是只有練氣，這種練法的下場就是氣只能停留在很表層的地方，最多就是任督循環，已經達到極限了，再也練不深，當然不可能練到金丹。而有些人頂多練到烏肝，那也同樣是練陽不練陰，只有烏肝，沒有兔髓，同樣不可能練成金丹，更別說把烏肝當作金丹，自欺欺人了。

「初開綠葉陽先倡，次發紅花陰後隨」，剛開始從綠葉先開始，就像陽先開始一樣，然後接著開紅花，就像陰跟著陽的後面一樣。重點在陽先倡，陰後隨，這樣的現象，不只是人體煉丹的過程，大自然草木也是一樣的情況。烏肝屬陽，烏肝先出現，兔髓才跟著出現，兔髓屬陰。初級的水火階段也是相同的，氣先行，恍惚後行，同樣陰陽交替，才能產生烏肝兔髓，更精化的陰陽。

「常道即斯為日用，真源返復有誰知？」本句各家版本略有不同，夏元鼎版為「常道即斯為日用，真源返復有誰知？」；翁葆光版為「常道即斯為日用，真源返本有誰

知？」；陳致虛版為「常道即斯為日用，真源反覆有誰知？」；劉一明版為「常道即斯為日用，真源返此有誰知？」。夏版「返復」；翁版「返本」；陳版「反覆」；劉版「返此」，比較之下，夏版和陳版相同，翁版和劉版類似，本書採用夏版與陳版，取其陰陽反覆之意。

常道，不變的道理。即斯，就是這樣。為日用，日日都是如此。每天都是這樣的道理在練。「真源返復有誰知？」有誰知道真正的源頭就是這樣反覆來回練的？整句就是：「有誰知道，真正的道理就是這樣，每天反覆來回地練？」

「報言學道諸君子，不識陰陽莫強嗤。」本句夏版、翁版、陳版皆採「強嗤」，僅劉版採「亂為」，本書採「強嗤」。嗤，取笑之意。

這句話也是很清楚，各位修道的君子，不懂就不要嘲笑這種陰陽反覆的修煉方式。筆者也曾經在道家修煉的論文發表會上，看到有數位大學教授將陰陽解釋為男女雙方的共修，覺得甚感訝異，此時才知，這種陰陽交替修行的方式，竟然已經完全失傳，《悟真篇》幾乎已經無人看得懂其陰陽交替的真意了。

各位看現在流行的練法，有像這樣解釋陰陽，把陰陽當成實修的一部分嗎？這段的重點在於先練陽，後練陰，陽極生陰，陰極生陽，陰陽反覆，以陽為優先下手處，陽練到了極點之後，自然轉化成陰。這個陰陽的反覆是什麼？從氣的鍛鍊就是陽，到恍惚就是陰，這是比較粗糙的程度。到了程度比較好之後，氣升級成烏肝，恍惚升級成兔髓，就成了在烏肝兔髓之中的陰陽反覆。

當然要從氣與恍惚的陰陽反覆，升級成烏肝兔髓的陰陽反覆，還需要很長時間的努力，特別是要從恍惚升級成兔髓，是非常困難的，反倒是氣升級成烏肝是相對簡單的。因為從恍惚升級到兔髓，牽涉到性功的鍛鍊，而這部分的鍛鍊受到市面上許多錯誤價值觀的扭曲，造成許多人心中隱藏性的障礙，因此非常難以突破。

例如對恍惚的抗拒，總覺得要維持一個覺知，而沒有讓意識完全放鬆進入恍惚，因此也難以從恍惚進化成兔髓。像這種情況其實已經進入一種頑空定的狀態，強迫自己維持一個覺知，停留在什麼都沒有的空無狀態，以為這個現象就是空，殊不知真空不空，真空妙有，這種什麼都沒有的真空其實才是假空，是造成演化的障礙。

例如對於恍惚中幻境的沉迷，恍惚狀態下很容易進入欲界定幻境，很多人就因此對欲界定幻境產生了許多解讀，例如出陽神就是欲界定幻境的解讀，把欲界定幻境當成出陽神了。如果因此沉迷其中，將注意力貫注在幻境之中，讓幻境有了更多的能量來源，就會源源不絕地產生更多的幻境。

這兩種是比較常見造成演化障礙的價值觀，要看破此類價值觀，要回到覺知的本質──就是不沉迷。不沉迷有兩個方向，一個是不放縱，一個是不壓抑，放縱是增加，壓抑是減少，兩種心的方向都會造成演化的障礙，只有不偏不倚的中觀才有辦法安然度過這一切。

壓抑造成頑空，放縱造成幻境，兩者都是大坑，恍惚轉化成兔髓的大坑，這兩個大坑如果過不去，意土受到慾望的污染，無法達到清淨的意土，兔髓就很難產生。

不識玄中顛倒顛，爭知火裡好栽蓮。
牽將白虎歸家養，產個明珠似月圓。
漫守藥爐看火候，但安神息任天然。
羣陰剝盡丹成熟，跳出樊籠壽萬年。

「不識玄中顛倒顛，爭知火裡好栽蓮。」如果不知道玄關當中的顛倒作用，又怎能知道火裡能夠產生蓮花呢？玄就是玄關。顛倒顛就是本來水在下，陰；火在上，陽，變成水在上，陽（烏肝產自水，在陽）；火在下，陰（兔髓產自火，在陰）。本來五行之中，木生火，金生水，結果現在變成水火生金木，也是一個顛倒顛。爭知，就是怎知。火就是神火，神火可以產生蓮花。蓮花就是陽生二階段到三階段都有的曼陀羅內景，是金丹在成形過程中的型態，要判斷一個人的金丹是否是真的，看的就是過程中有沒有蓮花的產生。曼陀羅蓮花，如果有這種曼陀羅的歷程，長達數年，那金丹就是真的，如果完全沒有任何曼陀羅蓮花的內景演化歷程，那這個金丹就很令人懷疑了。

「牽將白虎歸家養，產個明珠似月圓。」我們知道虎代表兔髓，牽一條白虎回家養的意思就是練出兔髓。「產個明珠似月圓」，從這句話就可以知道，兔髓和月圓不是同一回事，當然事實上練出來也差異極大，但是這裡是一個誤區，有很多人喜歡把白色烏肝或者白色兔髓當成圓月，這是非常大的謬誤。這句話很明白地說了，先產生兔髓，之後才能產生圓月。

兔髓生於陰，而圓月生於陽，兩者的意識狀態差異極

大，但是除非真的全部走一遍，沒有完全經歷過的人，真的是非常難以分辨。特別是分不清楚陰陽浮沉的人，根本就是瞎子摸象，完全看不懂《悟真篇》在講什麼。

「漫守藥爐看火候，但安神息任天然。」藥爐就是玄關竅，這裡用到「守」講的是烏肝階段為主，有了烏肝才開始有玄關竅，才開始有藥爐，如果一個人的烏肝一直沒有產生，那這個人是沒有玄關竅的，只有氣感的狀態下是沒有玄關的。而搬運法將下腹部當作玄關竅，整個烏肝兔髓的陰陽完全省略，因此看《悟真篇》完全看不懂，因為《悟真篇》講來講去，都在講烏肝兔髓的作用，如何產生烏肝兔髓，以及產生烏肝兔髓之後的現象。

所以我們要知道一個重點，搬運法氣功裡面所講的玄關，和真正練丹道所講的玄關，並非同樣一回事，純粹是誤解，因為要練到烏肝兔髓，並非容易的事情，有很多人練一輩子也無法產生烏肝，更別說兔髓了，這樣的人占了很大的比例。當這樣的人達到一定的程度，對於丹道的理解就產生了嚴重的扭曲，用氣感來解釋丹經，造成整個丹經變成「隱喻」，再也看不懂丹經在說什麼了。

所以各位要注意，丹道裡面的玄關，指的不是下腹部，而是產生烏肝光的空間，這個出現烏肝光的空間，就是最初的玄關的型態。隨著兔髓、陽生內景的演化，玄關也同樣跟著演化，玄關的演化跟內景的演化是同步進行的，是同一個環境。一個是空間，一個是空間內的內景，兩者並非是分開的。

這個產生烏肝光的空間就是藥爐，就是玄關，「看火候」，我們知道烏肝生於陽，兔髓生於陰，所以這中間有意識的浮沉變化。意識的浮就是陽，出現的光就是烏肝；當意識下沉，進入恍惚狀態，於半睡半醒的入定態之時，意識的沉就是陰，產生的白光就是兔髓。所以這個神火就是意識，在烏肝之時為浮，火候屬於文火，還是有火的。到了兔髓之時，神火已經停止了，開始準備要轉換為兔髓，所以說兔髓發於陰，火候為止火，意識為沉。

這個火候並不是我們刻意去用什麼方法去控制，這些都要遵循自然演化之道，讓一切演化完全，才能足金足兩地產生二階段陽生。因此「但安神息任天然」這個神和氣的變化，都是遵循自然，必須有足夠的耐心令其自然演化完成，就像樹上的果實一樣，要等待自然成熟。

「群陰剝盡丹成熟，跳出樊籠壽萬年。」在陰的階段，除了會產生兔髓之外，在兔髓產生之前，會先產生一大堆的幻境，所以說「群陰」，各式各樣的幻境。「剝盡」幻境脫落，幻境的產生如果是排毒作用，等陰氣排完之後，幻境就自然會脫落消失，但是如果有受到吸引，產生沉迷或者相信，那幻境得到能量，就會源源不絕地產生。因此這裡有一個坑很大，必須要注意的是，對自己的心念、想法、價值觀，必須非常地覺察，避免掉入信念的坑當中，把幻境當作真實，這樣就很難脫離幻境了。

張伯端這句話是說，正常情況下，沒有被幻境抓走沉迷的狀況，群陰剝盡的同時，丹也會成熟，兩者是同一個歷程。群陰剝盡之後，玄關竅得到清淨，內景就會產生轉變，

金丹的演化也會產生轉變，開始邁向成熟的金丹，一些大型曼陀羅、圓月、霜飛等等內景，都會在很短的時間內，陸續產生。

　　而這個跳出樊籠是什麼呢？其實就是圓月，當玄關竅群陰剝盡之後，產生大光明，整個玄關竅都是光明，看起來就是圓月內景。而當玄關竅大光明之後，此光明內部就會產生胎仙，剛開始胎仙是在玄關內部，但是練到成熟之後，玄關的邊緣就會消失，胎仙本來是沒有清楚的五官，到了玄關的邊緣消失之後，胎仙就會開始產生清晰的五官、清晰的身體線條，連服裝都有，非常神奇。這裡的「壽萬年」是不是真的是壽命可以達到萬年，這個筆者沒有親自證明到這裡，不敢打包票，個人的想法，「壽萬年」的含義並非真的是「壽萬年」，而是「成仙」的代號。

　　　　三五一都三箇字，古今明者實然稀。
　　　　東三南二同成五，北一西方四共之。
　　　　戊己自居本生數，三家相見結嬰兒。
　　　　嬰兒是一含真氣，十月胎圓入聖基。

　　這是在講河圖，河圖的下方是北方，數字是一，代表水；上方是南方，數字是二，代表火；左邊是東方，數字是三，代表木；右邊是西方，數字是四，代表金；中間是五，代表土。東方數字是三，南方數字是二，加起來是五；北方數字是一，西方數字是四，加起來也是五；加上戊己就是土，也是五。所以共有三個五，這三個五最後產生嬰兒，這

個嬰兒就是來自於三家相見所產生的大藥，太一真氣，三個五產生太一。

張伯端說從古到今，這個今自然是張伯端時代的宋朝，很少人知道怎麼回事，很少人知道三五一這三個數字到底在講什麼，張伯端在這裡很明白地講出來，就是三家相見結嬰兒，也就是修煉金丹的過程。

這個過程張伯端很清楚地在《悟真篇》當中，清楚明白地講了。先是水火，然後顛倒成水火的進階，就是金木，這中間的轉換靠的都是土，五行都具備，就能產生嬰兒，也就是金丹真人了。

即使張伯端講得這麼清楚了，但是在現代，我們可以看到，最後還是只剩下氣，也就是水而已，火金木土的作用都被忽略了，坊間各種祕法都在激盪氣的感受，這完全違背了丹道的修煉原則──「但安神息任天然」。

「戊己自居本生數」，各個版本略有不同，本書採用夏版、翁版，而陳版為「戊己身居生數五」，劉版為「戊己自歸生數五」，意思皆無不同，戊己為土，土居生數五。「嬰兒是一含真氣」，此句夏版、翁版、陳版皆相同，劉版略有不同：「是知太一含真氣」，但是意義上並無不同，嬰兒是太一含真氣。


不識真鉛正祖宗，萬般作用枉施功。
休妻漫遣陰陽隔，絕粒徒教腸胃空。
草木金銀皆滓質，雲霞日月屬朦朧。
更饒吐納並存想，總與金丹事不同。

這段主要是批評各種旁門左道。第一句話，就是批評這些旁門左道，「不識真鉛正祖宗」，不知道真鉛是什麼。「萬般作用枉施功」，用各式各樣的旁門左道，都是白費工夫，枉施功。

「休妻漫遣陰陽隔」，第一個旁門左道就是禁慾、休妻，就是跟妻子離婚了。這邊批評的是出家，張伯端認為修行不需要特別去山裡面出家，他認為跟妻子離婚，反而造成陰陽隔離，換言之，批評出家是一種旁門左道。

「絕粒徒教腸胃空」，第二個批評的旁門左道，就是斷食，或者稱為辟穀。徒，就是徒然，也是白費工夫的意思。腸胃空，意思就是不吃東西只是讓肚子空空的，跟真鉛沒啥關係，換言之，批評辟穀也是旁門左道之一。

「草木金銀皆滓質」，這句話批評的是吃用草木或者礦物煉製出來的藥丸，都是渣渣，這和真鉛也不是一回事，換言之，認為吃藥丸煉丹也是旁門左道。金銀就是金石，金石指的就是各類礦物，像水晶、石膏、赤石脂、滑石、丹砂、雄黃等等，都是很常見的礦物藥材。《神農本草經》可以看到有玉石部、草部、木部、蟲獸部、果菜部、米穀部。這句話主要批評的，可能就是葛洪這一派的，列出一段《抱朴子》：

「九丹者，長生之要，非凡人所當見聞也，萬兆蠢蠢，唯知貪富貴而已，豈非行屍者乎？合時又當祭，祭自有圖法一卷也。第一之丹名曰丹華。當先作玄黃，用雄黃水、礬石水、戎鹽、鹵鹽、礜石、牡蠣、赤石脂、滑石、胡粉各數十斤，以為六一泥，火之三十六日成，服七之日仙。又以玄膏

丸此丹，置猛火上，須臾成黃金。又以二百四十銖合水銀百斤火之，亦成黃金。金成者藥成也。金不成，更封藥而火之，日數如前，無不成也。」

葛洪是晉朝人，張伯端是宋朝人，兩個人差了七百年，從張伯端的批評來看，葛洪抱朴子這派，傳了七百年還在，到了現代，當然是不在了，現在大家民智已開，當然不會去相信這些東西可以煉出金丹，或者煉出黃金，不過在張伯端的時代，葛洪這一派還是存在的。

很明顯的，煉金石丹丸這一派，已經被科學自然淘汰了，不存在了，可是剩下的幾種，現在還是很流行，完全也沒有要消失的傾向，不知道人類還要經過幾千年，才能真正了解這些旁門左道是不可能煉出金丹的。

「雲霞日月屬朦朧」，這可以從兩個方面來看，第一種是採氣，認為向日月採氣可以有真鉛；第二種，認為存想日月可以有真鉛。存想，還包含存想神靈，像有一派支持《黃庭經》的練法的，就會存想神靈，張伯端這邊講的存想，應該是指這一類的。不管張批評的是哪一種，「更饒吐納並存想，總與金丹事不同」，更別說吐納或者存想，都和煉金丹不是一回事。

像大家以為《黃庭經》是練存想的，事實上《黃庭經》是混合了許多人的思想，一個是原始作者，一個是後面加上去的作者群，因此我們可以看到《黃庭經》有多種版本，內容都不太相同。例如魏華存版的《黃庭內景經》，原始作者是練出真人階段寫出《黃庭經》的原始版本，叫做玉晨君。後面加上自己見解的魏華存，那個是鼓勵用存想神靈的方

式，也是一種旁門左道。

　　所以這段話，批評了好幾種旁門左道：休妻禁慾、辟穀、草藥、吐納、存想，共批評了五種，而這五種，我們可以看得出來，在紫陽真人所在的宋代是很常見的旁門左道。而在現在這個時代，還是一樣非常流行，即使過了上千年，旁門左道的傳承，還是一點都沒變。張伯端批評了一堆旁門左道，是希望後人能夠避開這些旁門左道，練真正的丹道，很可惜，他說得這麼白了，後代子孫還是一個一個往旁門左道跳進去，只因「不識真鉛正祖宗」。

　　　萬卷仙經語總同，金丹只此是根宗。
　　　依他坤位生成體，種向乾家交感宮。
　　　莫怪天機今漏洩，都緣學者自迷蒙。
　　　若人了得詩中意，即見三清太上翁。

　　這段各個版本用詞遣字略有不同，但是意思大致上相同，故採用較早的夏元鼎版本。夏元鼎是南宋人，著名的「踏破鐵鞋無覓處，得來全不費工夫。」就是出自他的創作，全文是「崆峒訪道至湘湖，萬卷詩書看轉愚。踏破鐵鞋無覓處，得來全不費工夫。」

　　「萬卷仙經語總同，金丹只此是根宗。」萬卷仙經說的話總是相同的，只有金丹才是根本之道。

　　「依他坤位生成體，種向乾家交感宮。」這段的內容在前面「要知產藥川源處，只在西南是本鄉。」講過，摘錄過來再給大家參考一次：

「想要知道產生藥的來源，這裡採用劉一明的說法，西南就是陰極生陽的地方，這裡的藥，應該是指大藥，當然烏肝兔髓小藥也會在這個地方產生，如果你的程度是只有氣感，你完全看不見任何光，那麼你最初的烏肝，也會從陰極生陽的地方開始出現，當你的烏肝產生能力穩定之後，就可以在最初的陽就出現，也就是你最初的陽，不會只有氣而已，你可以進化到烏肝光。

　　同樣的，大藥也是一樣的情況。最初的大藥也是從陰極生陽的地方產生，直到三階段陽生的程度之後，當你有穩定的產生大藥的能力，才會變成從第一個陽的地方出現。這段話是說要知道產生藥的來源，就是在陰極生陽的地方。」

　　坤位就是陰，跟前面講的西南是一樣的，都是陰極生陽的地方。「生成體」，就是藥。在陰極生陽處產生的藥，不管是大藥小藥，穩定之後，都可以出現在第一個陽，也就是「種向乾家交感宮」，乾家就是一開始我們下手練的地方，也就是陽極生陰的那個陽，一開始的陽。

　　這個坤位生成體，「種向」這個字眼用得巧，因為一開始的時候，生成體從坤位產生，然後隨著程度的進步，慢慢轉移到乾位，這裡用「種」有一種「成長」的含義在其中，事實上練的時候，也能感受到成長進步。

　　這個是一個鐵律，自然的定律，只要練對都會產生這種情況。也就是一開始的藥物是從陽極生陰，陰極生陽，第二個陽的地方出現，練到穩定了之後，這個從第二個陽出現的生成體，不管是氣感、烏肝、兔髓，還是二階段陽生內景，都會開始出現在第一個陽的地方。也就是練穩定之後，就不

用陰陽交感之後才產生，而會產生在一下手陰陽還沒開始交感的地方，變成材料。本來的生成體，是陰陽交感的結果，進步之後，這個結果生成體，會出現在前面的陽，變成材料。

這個現象相信各位在所有的註解本都看不到這種說法，本書可能是最初提出這種說法的人，只有不斷地陰陽反覆交感，才有辦法練出這種現象，如果採用各種祕法去催動氣感，是不可能練出這種現象的。

原本陰陽交感之後的結果，變成陰陽交感之前的材料，這樣的一個現象，就是天機，是遵循道法自然演化之下，所產生的奧祕，雖然是天機奧祕，卻是自然產生的，諸位如果能夠領悟陰陽交感的練法，相信也會見證同樣的現象。

「莫怪天機今漏洩，都緣學者自迷蒙。」不要怪今天把天機給洩露了，都是因為學者自己把自己給搞糊塗了。我們在張伯端之後的一千年來看這段文字，請問有幾個人看得懂呢？有幾個人能搞清楚自然演化的修煉定律呢？今天若不是本書揭露這個奧祕，請問有誰看得懂張伯端這句話在講什麼嗎？各位可以去看一下歷代各家註解，請問有誰看得懂呢？

「若人了得詩中意，即見三清太上翁。」如果有人能夠知道這首詩的意義，就能夠看見三清太上翁，意思就是有人能夠搞懂這種陰陽交感的作用的話，知道《悟真篇》在講這個，就能夠一路演化進步到金丹真人階段，當然就是看見三清太上翁了。

# 第四章　七言絕句六十四首

先把乾坤爲鼎器，次搏烏兔藥來烹。
既驅二物歸黃道，爭得金丹不解生？

「先把乾坤為鼎器」，這句話應是源自呂純陽〈鼎器歌〉：「鼎器本是乾坤體」，乾坤就是陰陽，把陰陽當作鼎器，把陰陽交替當作修煉的方法，然後再把烏肝兔髓小藥拿來烹煮。既然驅趕了烏肝兔髓這兩物回歸黃道，爭得就是怎麼不會得到金丹呢？意思就是這樣練一定會得到金丹的。

張伯端反反覆覆不斷地重複強調烏肝兔髓的陰陽交替練法，告訴大家只要能夠搞懂烏肝兔髓這兩個小藥的陰陽交替練法，怎麼可能練不出金丹呢？

安爐立鼎法乾坤，鍛煉精華制魄魂。
聚散氤氳成變化，敢將方體預言論。
（敢將玄妙等閒論）

「安爐立鼎法乾坤」，法乾坤就是以陰陽交替為練法，用陰陽交替的練法來安爐立鼎，安爐立鼎就是開啟玄關，也就是用陰陽交替的方式就能開啟玄關，而開啟玄關之後，同樣也是在玄關內陰陽交替地繼續練下去。

無為丹道從自發功下手，練至恍惚，陽極生陰，陰極生陽，陰陽反覆之後，很快就能開啟玄關，這不是什麼祕訣，

而是自然的定律，這是最快開啟玄關的方式，也是開啟玄關的正法。

玄關開啟就是代表著烏肝的出現，魂就是烏肝，魄就是兔髓，精華就是煉精化氣、煉氣化神，這樣一個過程，產生了魂魄——烏肝兔髓。烏肝就是陽神，日魂；兔髓就是陰神，月魄。無為丹道從自發功下手，練精化氣，讓氣自動產生，然後在恍惚之中，煉氣化神，進而開啟玄關，產生烏肝兔髓，這個過程就是「鍛鍊精華制魂魄」。

「氤氳」是煙雲瀰漫的樣子，「聚散氤氳」講的就是烏肝兔髓的模樣，特別是烏肝就像雲一樣聚散，因此烏肝又稱為魂；兔髓雖然形狀不動，但是剛開始出現的兔髓也長得像一片白雲。而尚未變成烏肝的氣感，在體感上也是如同煙雲瀰漫一樣，在身體移動，從體表開始，隨著程度的增加，慢慢往體內深入。

最後這一句很有爭議性，現今的版本大多採用「敢將玄妙等閒論」，但是我列出了夏元鼎的版本，因為夏元鼎這個版本「敢將方體預言論」很有意思，夏是南宋人，比陳致虛的元朝版還要更早，所以可信度又提高了。

雖然夏版用「神無方而易無體」來解釋，但是我不接受這個版本，因為在無為丹道的練習過程中，從烏肝練到恍惚陰極，再從恍惚陰極練到生陽的一陽生，這時候的一陽生是非常容易產生「方體」的內景。很常見的是六角形，也有正方形，也有小圓形，也有如同楷書一樣的字，也有如同蚯蚓般的字，這時候的內景很令人震撼。而夏元鼎版的《悟真篇》列出了「方體」這樣的字眼，正好符合這個階段，從

「聚散氤氳成變化」的烏肝雲霧現象，經過陰陽練到二階段陽生的「方體」內景，正好給修煉者一個「預言」金丹即將練成的徵兆。因此我採用了夏元鼎的版本，這個版本的文字，不僅年代比較早，而且還說明了一個常見的修煉過程，比陳致虛版的「敢將玄妙等閒論」這種空話更具體。

　　而對於「方體」和烏肝之間的關係的描述，本書應當也是第一本這樣說的，跟前面所述的「依他坤位生成體，種向乾家交感宮。」都是本書第一個提出的，無為丹道依照著陰陽自然運行之道，自然練出這些現象，而這些現象在《悟真篇》的文字當中找得到證據的支持，這是令人非常振奮的。因為在現今社會的修煉方法當中，並沒有這樣的練習方式，看不到完全符合陰陽交替的練法，大多使用了不少的祕法來催動氣感，很少將氣感當作一個入門磚而已。而無為丹道將氣感當成墊腳石、入門磚，依照陰陽交替之法，練到更後面的烏肝兔髓之後，各種《悟真篇》所述的現象開始出現，例如本段所提的「方體」，還有前段所提的「生成體」都是陰陽交替反覆修煉後才能產生的獨特現象。

　　很多人都知道《易經》所說的「一陰一陽之謂道」，但是真正在練的時候，真的有誰能遵循一陰一陽的方式來練呢？真的有誰能夠在一開始就放下後天識神用事，不使用各種後天意識的方法來干涉真氣的運行呢？有的門派把注意力放在鼻端，有的門派把注意力放在下腹部，有的門派把注意力放在氣感的運行方向，真的有誰能夠把注意力放在陰陽的自然運轉交替上面呢？真的有誰能夠了解什麼是陰陽運轉的自然之道呢？

休泥丹灶費工夫，煉藥須尋偃月爐。

自有天然眞火養，不須柴炭及吹噓。

（自有天然眞火候）

　　不需要白費功夫去弄一個泥土做的爐灶，煉藥就是要尋找「偃月爐」，偃月爐裡面有天然的真火來養，不需要柴炭和吹噓。

　　看來張伯端所處的宋代受到葛洪的影響很大，導致張伯端要不斷地重複講煉丹不是真的去弄一個泥土做的灶台，還要燒炭吹噓。

　　我們從秦始皇派人去尋找仙丹這個故事，就可以知道，古代真的相信仙丹是外在的藥草煉製出來的，這樣的思想在現代的武俠小說和電玩裡幾乎是基本潛規則了，當然我們知道這樣的思想在現代只存在於幻想的世界當中，但是古代人還真的就吃這一套，也難怪張伯端要不斷地重複批評這種依靠草藥礦物煉製出來的丹藥並非是丹道了。

　　這裡宋代夏元鼎的版本和元代陳致虛版本還是有不同的，所以我列出兩種版本，現代的《悟真篇》大多採用陳致虛版本，但是我覺得夏元鼎的版本雖然和陳致虛的版本有多處不同，但是夏元鼎的版本感覺更接近《悟真篇》原來的意思。

　　夏的版本是說「自有天然真火養」，陳的版本是說「自有天然真火候」，在這個地方，強調天然真火，比強調天然真火候更重要。因為這段比對的是草藥礦物所煉製的丹藥，所以才提到泥土修建的灶爐、使用柴炭及吹噓，而煉丹使用

的「天然真火」指的是神火，也就是我們的覺知能力、注意能力等神智功能。因此此段採用「天然真火」強調人的神火更為貼切。

　　偃月爐中玉藥生，朱砂鼎內水銀平。
　　（偃月爐中玉蕊生）
　　只因火力調和後，種得黃芽漸長成。

　　「偃月爐」，看到這裡大家應該很清楚，就是玄關，玄關就是產生烏肝的空間，烏肝就是類似極光那樣的光。
　　陳致虛版的玉蕊就是翠綠色的花蕊，花蕊在花的中間，所以玉蕊的意思就是在偃月爐（玄關）中間產生翠綠色的烏肝光，像花蕊在花的中間一樣。夏元鼎版和翁葆光版都是玉藥，一般提到玉，就是想到翠綠色，但是這邊的玉應該是指玉兔，「玉兔搗藥」之意，意指兔髓小藥，因此夏元鼎版的「玉藥」又比陳致虛版的「玉蕊」更加具體合理了。
　　因此偃月爐代表玄關，而且是屬於兔髓狀態下的玄關，屬於陰，因為兔髓練到最後，也是像月亮一樣，一個圓形的不動白光，邊緣清晰。所以「偃月爐中玉藥生」的意思就是玄關之內產生兔髓。
　　「朱砂」就是硃砂，是一種中藥材，紅色的，經常拿來做顏料。而剛開始產生的烏肝大多是紅色的光，所以「硃砂鼎」屬於陽，正好跟產生兔髓的「偃月爐」相對應。
　　水銀就是汞，汞用來形容剛開始練的時候注意力無法固定的狀態，此時的注意力非常容易被雜念抓走，很難固定在

功態上面，也就是容易產生雜念的意思。但是這裡是講「水銀平」，水銀就是滾來滾去不平靜，這裡的水銀卻平靜了，為什麼？因為硃砂鼎產生了，烏肝出現了。

注意力在氣感的狀態下是很容易跑出雜念的，但是當氣感轉換成烏肝光感之後，雜念就變得很不容易產生，注意力會被烏肝光牢牢地吸引，不太容易跑來跑去，因此「朱砂鼎內水銀平」講的就是這種特徵，意思就是有烏肝狀態下的玄關，注意力不容易跑掉。

「只因火力調和後，種得黃芽漸長成。」火力調和指的是陰陽交替，陽的狀態下的神火是武火或文火，屬於有火狀態；而陰的狀態下，則是止火，屬於無火狀態。在這樣的火力交替之下，「種得黃芽漸長成」，黃芽是二階段陽生要產生之前，會先產生黃白色的光，從中間擴展開來，是一種開心竅的現象，心竅從封閉到打開，會產生黃芽光的現象，這種黃芽光下一步就開始出現「方體」，因此這種黃光如同芽一樣，是一個開端，金丹開始產生的開端。「方體」就是金丹的前期型態，黃芽就是開啟心竅，準備後續要產生「方體」的金丹前期型態。


　　嚥津納氣是人行，有物方能萬物生。
　　（有物方能造化生）
　　裡面若無真種子，猶將水火煮空鐺。
　　（鼎內若無真種子）

這段夏元鼎版和陳致虛版依舊有些微不同，本書依舊採用夏元鼎版，並將陳致虛版列在括弧內相對照。

　　「嚥津納氣是人行」嚥津納氣是人心所為，也就是後天識神用事，從這句話可以知道，這種練氣的方法在張伯端的宋代就很流行，所以張伯端也提出來說，這種吞口水練呼吸的方式是後天人行。重點就在下一句，「有物方能萬物生」，有物，甚麼物呢？我們從前面的文章就可以知道，「二物」就是烏肝兔髓，所以這裡講的「有物」很明顯的就是烏肝兔髓這「二物」。這句話言下之意就是吞口水、練呼吸這種後天方法沒什麼用處，必須要有烏肝兔髓這「兩物」才能練出「萬物」，這個「萬物」自然是金丹生成過程中的各種姿態內景，例如方體、圓月、紅日等等。

　　夏版是「裡面若無真種子」，陳版是「鼎內若無真種子」，我們知道鼎代表玄關，玄關的產生是因為出現烏肝光，也就是出現烏肝光的空間就是玄關，就是鼎。所以陳版的「鼎內若無真種子」相對夏版的「裡面若無真種子」就比較不合理，因為既然鼎已經產生了，那真種子必然就產生了，鼎與真種子是同一個環境，一個是空間，一個是空間裡面的光，兩者是同時產生的。而夏版使用「裡面若無真種子」就沒有強調鼎的存在，這樣在邏輯上的錯誤就比陳版低了，因此本書採用夏版。

　　真種子是什麼呢？我們從上一句的「有物方能萬物生」推斷，這個一開始的「物」就是後面產生萬物的種子，從之前的敘述我們知道「物」就是「二物」，就是烏肝兔髓，因此我們知道真種子在這邊的意思就是烏肝兔髓，烏肝兔髓是

金丹的真種子，有了烏肝兔髓的陰陽交替，練成金丹就不難了。

　　因此如果「裡面若無真種子」，當然就沒辦法產生金丹了，為什麼會裡面沒有真種子呢？還是一樣看上一句，因為「嚥津納氣是人行」，吞口水、練呼吸這是後天用事。沒有真種子，沒有烏肝兔髓，就像是「水火煮空鐺」，鐺是平底鍋，就像是乾煮空鍋，沒有東西在鍋裡面，要煮什麼呢？吞口水、練呼吸而沒有烏肝兔髓，即使你有水火，我們知道水火的層次就是氣的層次，如果你只有氣而沒有烏肝兔髓，就像是在煮空鍋，是練不成金丹的。

　　因此要練成金丹，烏肝兔髓是一定要的，沒有烏肝兔髓是不可能練成金丹的。有某些搬運法派別，教人練呼吸意守下腹部，認為這樣就能產生金丹；有的派別下腹部產生跳動的氣，就說這是金丹；有的派別產生了烏肝，就說這是金丹，其實都不對，金丹的產生必須要有烏肝兔髓的陰陽交替，除此之外，別無他法。


　　調合鉛汞要成丹，大小無傷兩國全。
　　若問真鉛何物是，蟾光終日照西川。
　　（若問真鉛是何物）


　　夏版和翁版都說「何物是」，陳版說「是何物」，意思差不多，列出陳版在括弧內。

　　大小代表陰陽，大是陽，小是陰，這個大小代表陰陽的說法，可能是來自《易經》「大往小來」。「調合鉛汞要成

丹，大小無傷兩國全。」這樣看來就很白話了，調和鉛汞要煉成丹，就必須要陰陽兩全，不能單練陰，或者單練陽，或者陽多陰少，或者陰多陽少，都不行。陰陽都要練透，分量要練足，才能練成丹。

這邊的鉛汞有兩個意義，一個是以神和氣開始，經歷烏肝兔髓陰陽反覆煉成丹。一種就是代表烏肝兔髓，第二個意義呼應下一句話的真鉛，也就是這邊的鉛汞，代表的是真鉛真汞，也就是下一句要講的烏肝兔髓，而不是指更前段的氣。

「若問真鉛何物是，蟾光終日照西川」第二句話的重點在於什麼是蟾光？什麼是西川？我們先看蟾光，蟾蜍的光，這句話有個來源，應該是來自於《參同契》「蟾蜍與兔魄，日月炁雙明。蟾蜍視卦節，兔者吐生光。」，從《參同契》這句話看來，蟾蜍和兔魄這兩種光，一個屬於日，一個屬於月，我們知道兔魄就是兔髓，屬於月，那另外一個蟾蜍就是屬於日了。因此這裡講的真鉛，蟾光，當然就是屬於日，也就是烏肝。

「西川」，西方代表金，川代表水，所以「西川」就是水中金，也就是從水鍛鍊出金，水精煉之後就是真鉛，也就是烏肝，烏肝和兔髓陰陽交替之後，可以鍛鍊出金丹。

有些註解說蟾光就是月光，這就不合理了，雖然蟾蜍也是月亮的代表，但是依據《參同契》，蟾蜍和兔魄一則是日，一則是月，並非兩個都是月，然後又分為月之精、月之體，這樣就不符合《參同契》的「日月炁雙明」的說法了。而我們可以很明顯地看到，張伯端有很多思想是來自於《參

同契》，他的用法應該是和《參同契》相呼應的。

另外一個不合理的點就是，只有烏肝才能「終日照」，烏肝可以很容易地隨時產生，但是兔髓就不是那麼一回事了，兔髓很難做到「終日照」，兔髓比烏肝難產多了，只要練到烏肝兔髓都出現，基本上離金丹也不遠了。

所以這裡的「蟾光終日照西川」指的是可以隨時產生的烏肝，而這個烏肝是用來產生金丹的源頭，也就是真鉛。

　　未煉還丹莫隱山，山中內外盡非鉛。
　　（未煉還丹莫入山）
　　此般至寶家家有，自是時人識不全。
　　（自是愚人識不全）

這段夏版和陳版差異不大，「莫隱山」和「莫入山」意思差不多，但是如果要嚴格來講，「隱山」意思是歸隱於山，常住於山，意思是比較貼切的。而莫入山意思上當然也可以視為歸隱於山，常住於山，但是偶爾進入山中還是可以的，山裡面的氣場畢竟比較好。

這段是勸人如果沒有練到還丹就不要歸隱山林，山中內外盡非鉛，山中是氣場好，但是真鉛是烏肝，這樣的至寶大家都有，只是不知道而已。所以重點不在於山裡面氣場好不好，重點在於你不去山裡面你也能練，在家裡還是有要盡的人生義務，有家人要照顧，除非真的練到一個關頭，否則不要輕易地放棄照顧家人的責任。

從這段可以知道張伯端的想法，認為在家裡練照樣能夠

練，沒有一定要去山裡面，也沒有一定非要出家不可。而無為丹道也是一樣的看法，任何人都能練，雖然在家練難免受到家人干擾，但是人活在世界上就有照顧家人的責任，出家也不見得能夠練出真鉛，在家也未必不能練出真鉛。

陳版的稱「愚人」，夏版的稱「時人」，這個「識不全」不見得是愚笨的人才有這個問題，恐怕聰明的人也有同樣的情況，能夠領悟到真鉛的存在，畢竟還是極少數的人，大部分的人幾乎都很難認識到張伯端所講的烏肝兔髓，講大部分恐怕還是保守了，應該是幾乎所有的人都很難認識。我們看註解《悟真篇》的註解者，也很少人能夠真正認識到烏肝兔髓的存在和各種現象，因此希望本書的出版能夠將塵封千年的奧祕，公開於世。


竹破須將竹補宜，覆雞當用卵為之。
萬般非類徒勞力，爭似真鉛合聖機。
（爭得真鉛合聖機）


竹籬笆破了就要用竹子去補，要孵出小雞就要用蛋去孵，「覆」在這邊當作「孵」。不是同類的東西不管你再怎麼努力，都是徒勞而無功，非同類的東西怎能像真鉛這樣符合聖機呢？聖機在此就是金丹，真鉛才是金丹的同類。

這段是從《參同契》引申而來的，「皮革煮成膠兮，麴蘗化為酒。同類易施功兮，非種難為巧。」，講的是同類才能相求，要練出金丹，就是要先練出真鉛。真鉛是烏肝光，金丹也是光，而且是更精細的光，必須要以烏肝兔髓為材料

才能轉化成金丹，如果不是烏肝兔髓，要想轉化成金丹，那是不可能的。

丹道修煉者最大的問題，就是搞不清楚金丹是什麼，以為金丹是小腹裡面的氣動，也有以為金丹是橘黃色的烏肝，因為不知道金丹的真面目，也練不出來真正的金丹，當然更不可能知道什麼才是金丹的同類，對於真鉛就更是模糊了。

真鉛在上一段說得很清楚就是烏肝，烏肝就是從氣感轉化過去的光，而金丹就是非常精細的光，精細到形狀非常地清楚，各種形狀，請注意是形狀，不是線條。烏肝練到氣強的時候，是會產生線條的，但這並非是金丹，具體來說並非是金丹的前身玄珠，烏肝會有線條，玄珠是形狀，金丹就已經是真人了。至於是什麼樣的真人，當然是基於烏肝同類相求所演化出來的真人，詳細內景就不說得太清楚，因為筆者遇到太多人，自我解讀內景，甚至把幻境當成內景的也不在少數，因此在這邊就不要說得太清楚。


用鉛不得用凡鉛，用了真鉛也棄捐。
此是用鉛真妙訣，用鉛不用是誠言。


用鉛不能用山裡面挖礦挖出來的礦物鉛，鉛是丹道修煉的名詞，不是真的去山裡面挖鉛礦，山裡面的鉛礦是凡鉛，不是道家修煉上面講的鉛，修煉上面講的鉛是真鉛烏肝。

即使用了真鉛之後，也要棄捐，也要放棄，烏肝是材料，不能抓著烏肝不放，不能把烏肝當成金丹，烏肝不是金丹，烏肝是小藥，是材料，所以到了一個程度，烏肝也是要

第四章 七言絕句六十四首

放掉，這樣兔髓才能出現，烏肝兔髓兩者交替出現，金丹才能產生。

這是用鉛的真正妙訣，奧妙的訣竅，用了真鉛之後，又捨棄不用，是誠言。張伯端真誠地告訴大家，不要抓著真鉛不放，不要看到光、看到真鉛就捨不得放棄，真鉛要轉化成金丹，用了之後還是要放棄的。

從這段話我們可以知道，當時也有人有練出真鉛，練出烏肝光，但是就跟現代人一樣，筆者也遇到不少練出烏肝光的人，以為這個光就是金丹，以為這個光就是究竟，讓自己幾十年都停留在這種光之下，完全沒有演化。這種情況不只是在張伯端的宋代，在現代也非常普遍，有許多光冥想課程都在烏肝光的情況下施功，卻不知烏肝光只是材料，不是真正的金丹，不是真正的標的。

這段雖是批評抓著烏肝不放的，但是實際上，抓著氣感不放的更多。不管是抓著烏肝不放，以為是金丹；或者是抓著氣感不放，把氣感當成金丹的，兩者都是有問題的。

> 虛心實腹義俱深，只為虛心要識心。
> 不若鍊鉛先實腹，見教守取滿堂金。
> （且教守取滿堂金）

虛心、實腹的意義都很深，只因為虛心要先識心，不如先練鉛實腹，這樣就可以練到滿堂金。張伯端這句話也是有點批評當時的佛教，他承認虛心和實腹兩種練法意義都很深，只是虛心要先識心，後面他說不如先實腹練鉛，可見得

他認為識心是比較困難的，所以他用「不若」，就是不如的意思，不如先練鉛，當然這裡指的是真鉛烏肝，烏肝練下去，和兔髓交替，就能產生金丹，所以說滿堂金。

從這句話知道，張伯端也是有研究佛法的，從後面的《性宗篇》就可以知道，張伯端對於佛教禪宗的體會是很深的，只是我們從《性宗篇》的內容，可以看出張伯端當時的實修功夫沒有《悟真篇》時期深，當時並未看到兔髓和金丹的描述，僅有烏肝的描述，因此我們可以知道張伯端在達到佛教禪宗相當高的體悟之後，又更上一層樓，對於烏肝兔髓金丹有更深的修證功夫。因此他覺得虛心識心這類修煉不夠具體，練鉛還是比較務實具體，能夠取得具體上的修煉成果。

> 夢謁西華到九天，分明授我指玄篇。
> （真人授我指玄篇）
> 其中簡易無多語，只是教君鍊汞鉛。
> （只是教人鍊汞鉛）

陳摶所著的《指玄篇》已經失傳了，從張伯端寫的這段來看，宋代就已經失傳了，所以張伯端才說夢中拜見西華到九天，西華就是西嶽華山，指陳摶修煉的地方，張夢到陳摶教他《指玄篇》，裡面簡單沒有多說什麼，只是教人鍊汞鉛而已。

《指玄篇》已經遺失，董沛文所編的《陳摶集》當中有少數幾句《指玄篇》是來自於元代俞琰的《周易參同契發

揮》，可以一窺陳摶的《指玄篇》。

因此推估張伯端對於《指玄篇》也是只聞其名，不見其文，才說是夢中所見。

道自虛無生一氣，便從一氣產陰陽。
陰陽再合生三體，三體重生萬物昌。

這句話很明顯是來自於老子《道德經》：「道生一，一生二，二生三，三生萬物。」而張伯端也加上自己的想法，一就是一氣，二就是陰陽，三就是三體。大家都知道什麼是氣，那陰陽是什麼呢？在《悟真篇》當中不斷強調的陰陽就是烏肝兔髓兩者的陰陽交替，那烏肝兔髓兩者陰陽交替之後，張伯端說可以產生三體，那三體是什麼？

我們看一下前面說過關於「體」的句子，「依他坤位生成體」這是張伯端用到關於體的句子，顯然這裡的體，非常有可能是「依他坤位生成體」，前面我們說過這個「依他坤位生成體」是陰極生陽所產生的現象。

這種現象會有一個特徵就是「種向乾家交感宮」，會往第一個陽移植過去，也就是一開始如果沒有強烈的氣感，陰陽練過一遍之後，陰極生陽之處，可能會產生強烈的氣感，繼續再進步下去，這個強烈的氣感就會出現在第一個陽，也就是陽極生陰一開始的那個陽的地方。舉例來說，如果一開始沒有烏肝，可能陰陽不斷反覆練習之後，就會在陰極生陽，第一階段陽生的地方產生烏肝，而這個烏肝隨著程度的進步，就會開始出現在陽極生陰的第一個陽，也就是剛下手

開始練的地方。同樣的兔髓也會有類似的情況，不只小藥，練到最後，即使是大藥也會從原來的坤位，陰極生陽之處，轉移為乾家，也就是陽極生陰的最初的陽。

而這種現象張伯端稱為「依他坤為生成體，種向乾家交感宮」，我們簡而言之稱為「生成體」，而這種生成體，依據筆者的經驗，共可分成三大階段：一、小藥階段（陽生第一階段），包含從氣感到烏肝兔髓都算。二、初級大藥（陽生第二階段），也就是方體階段。三、高級大藥（陽生第三階段），從圓月開始到金丹真人就進入高級大藥階段。這三個階段，筆者認為就是張伯端所說的「三體」，生成體的三個演化階段。

生成體經歷三個階段的演化之後，就進入金丹真人階段，也就是「重生萬物昌」的階段。

我們從「生成體」推出「三體」，陰陽是烏肝兔髓，這樣就可以知道一氣就是一開始的氣感，這時我們再來看「道自虛無生一氣」，就可以知道張伯端的觀念裡面並沒有所謂的「練精化氣」的想法，而是「道自虛無生一氣」。這和傳統觀念裡面的練氣的方法是很不相同的，但是這和無為丹道的練法是非常契合的，因為無為丹道一開始就處在一種放鬆狀態，心態上並沒有使用任何刻意的方法來催動氣感，而是在放鬆當中讓氣自動產生，這和傳統的練氣方式非常不同，傳統的練氣大多使用各種方法來催動氣感的產生，而這和「道自虛無生一氣」就有很大的差別了。

坎電烹轟金水方，火發崑崙陰與陽。
二物若還歸一處，自然藥熟遍身香。
（二物若還和合了，自然丹熟遍身香。）

雖然兩個版本的文字不同，但是意義差異不大。

「坎」就是水，「電」各家註解講是激烈的火。「烹轟」，烹煮得轟轟烈烈，就是非常激烈。「金水方」，金就是西，水就是北，金水方就是西北方，前面講過西南就是坤，那西北就是乾，就是陽。整句的意思就是水火非常激烈地在陽的階段烹煉，水火階段就是氣感階段，氣感階段屬於陽，會有各種很激烈的現象和體感。

「火發崑崙」各家註解講的通常是陽氣上蒸，陰與陽，就是後面的二物，烏肝兔髓，所以火發崑崙，陽氣上蒸之後，產生烏肝兔髓陰陽二物。張伯端很少講到氣功態的現象，這句話裡面難得提到氣功態的現象，水火激烈交戰之後，陽氣上蒸，到了崑崙頭部，才產生烏肝兔髓陰陽二物。

這種練法跟現在市面上流行的繞行任督練法完全不同，市面上流行的任督練法是火發崑崙之後，就往前繞回來，繼續在繞，而且是用後天意念帶領在繞，繞到形成慣性之後，才稱這種自動繞行的現象是先天氣，這種練法完全跟《悟真篇》講的背道而馳了。

《悟真篇》的練法在這邊講得非常清楚，火發崑崙，陽氣上蒸之後，就產生烏肝兔髓陰陽二物，並沒有把這個陽氣拿來身上做繞行，而是直接就產生了烏肝兔髓，進入下一個階段的修煉。

「坎電烹轟金水方，火發崑崙陰與陽。」在陽極生陰的第一個陽的階段，水火激烈地反應，產生了陽氣上蒸的現象之後，產生了烏肝兔髓陰陽二物，這二物如果能夠練到歸一處，或是和合了，意思都一樣，就是陰陽交替之後，產生「生成體」。這個生成體到了第三階段，就出現完整的高級大藥，這個階段就是自然藥熟或者丹熟都行，意思都一樣，遍身香，練到高級大藥階段，身體的氣味會產生改變，這是大藥的特徵之一，所以這裡又提到一個大藥的身體現象。

關於「坎電烹轟金水方，火發崑崙陰與陽。」還可以有第二種解釋，坎電是腎水產生如電一樣的氣，在陽的狀態下激烈烹煉，而火發則是神火往崑崙生發，神火就是注意力本來是在身體澎湃的氣感上，練到一個程度，神火往頭上生發，進而產生陰與陽的烏肝兔髓。筆者認為這第二種解釋，將火解釋為神火，比各家註解所說的陽氣更加符合真相，因為張伯端始終認為氣屬於孤陰，不太可能會將上升的孤陰之氣認為是陽火上蒸，這樣的說法就互相矛盾了。而且張伯端講水火始終都是氣和神，尚未見過將火解釋為上蒸的氣。

這第二種解釋將火解釋為神火，除了上述理由之外，這樣的說法更符合神火上浮的現象。在剛開始練功之時，氣感在全身移動，神火也隨之在全身各處移動，直到要出現烏肝之時，神火才產生上浮的現象，這是一個非常明確獨特的現象，張伯端在各首詩中都講了許多修煉當中的獨特現象，這首應當也是相同，將神火上浮而產生烏肝兔髓的現象放在「火發崑崙陰與陽」也是非常合理的。

離坎若還無戊己，雖含四象不成丹。

只緣彼此懷真土，遂使金丹有返還。

「離」就是火，「坎」就是水，「戊己」就是土，「四象」就是水火金木。這句話是說，水火如果沒有土，即使有包含四象也煉不成丹。只因為彼此懷有真土，所以使得金丹有返還，是說有陰陽二物返還，才能煉出金丹。

講得更具體的話，就要參考《參同契》的這句話「坎納戊土，離納己土。」戊就是陽土，己就是陰土。坎就是水，坎水要接納陽土，離火要接納陰土。為什麼要這樣呢？張伯端講太多次了，「玄中顛倒顛」，坎水本來是陰，要接納陽的土之後，才能轉化成陽的烏肝；離火本來是陽，要接納陰的土之後，才能轉化成陰的兔髓。所以這個過程中，土的陰陽扮演了轉化的角色，沒有土的陰陽來轉化坎離，就沒辦法產生烏肝兔髓。產生有真土的烏肝兔髓之後，才能使得陰陽返還發生作用，才能產生金丹。

這樣講，可能還是很多人搞不懂，坎就是腎氣，水，屬陰；離就是心火，屬陽。我們剛開始練的時候，腎氣和心火交互作用，產生真氣，這個真氣如果沒有土，真土，就沒辦法產生烏肝兔髓的光。這裡的真土就是清淨的意。在陽的狀態下清淨的意就是陽土，戊；在陰的狀態下，清淨的意就是陰土，己。

當我們在練氣的時候，如果心中不清淨，有慾望就是不清淨，帶有後天的慾望就是不清淨，例如想要有什麼企圖、想要有一個目標，例如把氣導向某個特定的方向，這就已經

摻雜了後天的慾望，就已經不清淨了，這樣就沒辦法，在陽的狀態下，把真氣轉換成烏肝，因為沒有真土，只有不清淨的假土了。

　　同樣的，在陰的狀態下，例如氣走到一個程度，進入恍惚了，這就是陰的狀態，這個狀態，如果還是帶有後天的慾望，沒有清淨的真土，這樣就沒辦法在陰的狀態下，把恍惚轉化成兔髓，因為沒有己土，沒有真土。

　　所以真土才有辦法把坎離轉換成烏肝兔髓陰陽二物，真土就是清淨的意，真土不止要在陽的狀態下出現，在陰的狀態下也是一樣的。現在很多人在修煉的過程中，經常帶有各種祕法方法，這些祕法通常夾帶著慾望，想要達成某種特定的目標，這樣子就違反了「真土」的原則，這些慾望就會阻止坎離轉化成烏肝兔髓陰陽二物。不只在陽的氣功態底下帶有這種企圖，在陰的恍惚狀態下，即使沒有念頭了，只要價值觀帶著這種企圖，照樣可以讓陰狀態下的兔髓無法產生。

　　很多人可以做到在陽的狀態下放鬆，因此烏肝的出現比較容易，但是很少人能做到在陰狀的態下放鬆，讓意土清淨。很多人受到宗派思想的影響，在陰的狀態下，喜歡去抗拒，認為恍惚昏沉是不好的現象，所以極力抗拒恍惚，或者企圖想要維持在恍惚狀態下「一靈獨存」的現象，並將這種現象解釋為入定，事實上這已經違反了「識神隱，元神顯」的常見法則，也就是無法讓真土出現的一種慾望展現。想要在恍惚之中維持清醒，本身就是一種極為強烈的慾望，這個強烈的慾望就會造成兔髓出現的障礙了。

　　可能有人會問，難道就讓身體昏過去嗎？沒錯，就是讓

身體昏過去，《參同契》也講了「昏久則昭明」，不要害怕初期的昏沉，昏沉到一個程度，就會慢慢清醒過來，清醒到一個程度，兔髓就會開始產生。

　　該昏就要昏，不要抗拒，道法自然，不是隨便說說的，勇敢地昏下去，會醒過來的，不用擔心。陳摶在華山練了好多年，博得睡仙之名，有許多成仙的傳說，這個昏睡請大家不用害怕，昏到一個程度，就會反彈慢慢清醒，到時候產生兔髓，才有辦法烏肝兔髓陰陽二物交替，才有辦法產生金丹。

　　　日居離位翻爲女，坎配蟾宮卻是男。
　　　不會箇中顛倒意，休將管見事高談。

　　我們看到這種陰陽顛倒顛的邏輯，心中就要掛上一個程序，就是水火轉爲烏兔，水爲陰，轉爲烏肝陽；火爲陽，轉爲兔髓陰。心裡有這樣的概念之後，再來看這類相關句子，就不會被搞混。

　　「日居離位翻爲女」有了上述的概念之後，一看就知道這段在講火本爲陽，轉爲兔髓陰，離是火，「日居離位」就是火，「翻爲女」，就是轉變爲兔髓的陰。

　　這樣再來看「坎配蟾宮卻是男」就非常清楚了，坎就是水，「蟾宮」在這邊就是月宮，之前提過《參同契》的「蟾蜍與兔魄，日月（氣）雙明，蟾蜍視卦節，兔者吐生光。」裡面的蟾蜍是日，但是這裡的蟾宮並不是日，而是月。唐代袁郊的詩：「嫦娥竊藥出人間，藏在蟾宮不放還。」可以看

到這裡張伯端使用的蟾宮是通俗所認知的月。所以要分清楚，如果講的是《參同契》裡面的蟾蜍，那是指日，如果是講蟾宮，就是月，正好相反。所這句「坎配蟾宮卻是男」同樣是講坎水屬陰，轉變之後，變成烏肝屬陽。

「不會箇中顛倒意，休將管見事高談。」張伯端這句話已經有點不高興了，就張伯端的立場，已經講了這麼多次的烏肝兔髓，如果還搞不懂，就不要把高見拿出來談。但是實際上看到的各個註解家，卻是沒什麼人搞得清楚這其中的顛倒，甚至用「陰中之陽，陽中之陰」的黑話來自欺欺人。

《悟真篇》講的都是實務上的修行，絕對不是陰陽邏輯的文字遊戲，省略了烏肝兔髓，只剩下氣，氣可是孤陰哪！可是看到的卻是許多註家就使用這樣的孤陰想要練出金丹，中間的烏肝兔髓的顛倒轉化幾乎完全省略，當作不存在了。


取將坎位心中實，點化離宮腹裡陰。
從此變成乾健體，潛藏飛躍盡由心。


「心中實」指的是在心竅當中的濁陰，這些濁陰會讓人昏沉，讓人陷入幻境，只有把這些濁陰化解完成之後，才能順利讓心竅全開，才能進入純陽狀態，產生第三階段陽生，凝結金丹真人。

「坎位」在這裡代表的是陰的狀態，也就是兔髓狀態下的陰，意識的下沉的陰，在這個陰的狀態下，才能順利化解心中實存的濁陰。

知道「坎位」是陰的狀態，就知道「離宮」代表的是陽

的狀態，在陽的狀態下，化解「腹裡陰」，這裡講得更白話了，直接把腹部裡面的氣當作「腹裡陰」。之前就說過，張伯端是把氣當成孤陰的，這裡的氣，指的就是從腹部出發的真氣，或者稱為氣感都行，也就是繞行任督河車的真氣，張伯端的定義是「腹裡陰」。這個「腹裡陰」跟金丹不是同類，是煉不成金丹的，必須要透過「玄中顛倒顛」把「腹裡陰」的真氣，轉化成烏肝的陽，才有辦法跟兔髓交替煉成金丹。所以「點化離宮腹裡陰」就是把腹部產生的真氣，也就是孤陰之氣，轉化成烏肝的陽，烏肝才是真正的小藥，烏肝兔髓都是小藥。

經過烏肝兔髓的陰陽交替轉化，才有辦法產生「乾健體」，就是純陽之體。產生純陽之體之後，就會產生一種特殊的現象，就是入虛空定自在，意思就是可以自在地出入虛空定。

在不同的程度，可以產生不同的自在，例如初學者要發動氣機非常困難，必須要專心一陣子，才能有氣機產生，但是對一個練了好幾個月的人來說，可能每次練功已經不需要像剛開始那樣，花時間去感受氣在哪裡，幾乎只要意念一到，氣機就開始動了。可能比較初學的人，從自發功下手，剛開始動不了，練了幾個月之後，說要動就可以馬上動起來了，這就是一種自在。

再舉第二個例子，如果初學者進步了，可以自在地發動氣機，啟動自發功，但是對於內氣的流轉還不是很自在，可能需要練上半小時一小時之後，才能在體內產生內氣，例如電流感的內氣。但是這個初學者可能練了一年兩年之後，身

體的內氣越來越容易產生，可能有一天，只要意念一到，這個初學者就可以在幾秒鐘之內，產生內氣運轉了，這也是一種自在。

再舉第三個例子，例如這個初學者雖然可以很快地運轉內氣，但是內氣，或者說真氣，或者說腹裡陰，要轉化成烏肝，還需要一段時間，例如半小時一小時，但是隨著程度的進步，到一個程度，這個初學者可能可以在意念一到的情況下，就能隨意地啟動烏肝光的產生，這就是已經達到了更深層次的自在。

再進階下去，可能這個初學者，已經不能說是初學者了，這個修煉者，可以隨意地啟動烏肝光，但是卻無法隨意地開心竅入定，努力兩三年之後，這個修煉者可能已經產生活午時，可以在很快的情況下，開啟心竅，進入兔髓狀態的陰。繼續練下去，可能不用活午時，只要在意念一到的情況下，這個修煉者，可以任意地在任何情況下，隨時進入兔髓狀態下的陰，也就是入定，這樣就已經達到了入定的自在了。

但是這個修煉者雖然可以達到入定的自在，卻還無法達到開啟虛空的自在，還需要經過烏肝兔髓無數次的陰陽轉化鍛鍊，有一天可以開啟虛空定，但剛開始的虛空定只是非常短暫的幾秒鐘，只能簡單地開啟第二階段的陽生，出現「方體」──各種曼陀羅。這個修煉者不斷地繼續努力下去，直到有一天，這個「生成體」虛空定不只出現在陰極生陽的坤位，還可以直接出現在「乾家」，這時候才開始成就「乾健體」，可以自在出入「虛空定」，這個狀態就稱為「潛藏飛躍

盡由心」，這個時期，也屬於可以隨時凝聚金丹真人的時期了。

　　震龍汞自出離宮，兌虎鉛生在坎方。
　　（震龍汞自出離鄉）
　　二物總因兒產母，五行全要入中央。
　　（二物總成兄產母）

　　這段就直接採取夏版，因為上一段有離宮，這段也採用夏版的離宮比較合理。夏版的「兒產母」也比「兄產母」合理，因為五行相生相剋有子母關係。

　　五行應該是木火土金水，木生火，火生土，土生金，金生水，水生木，是這樣的一個順序。但是練丹道卻打破了這樣的規律，應該是金生水，木生火，卻變成了水火生金木。

　　二物就是烏肝兔髓，就是震龍兌虎，烏肝是木，震龍，兔髓是兌虎，正常五行相生關係應該是，木生火，金生水，也就是震龍生汞，兌虎生鉛。但是二物，就是烏肝兔髓卻相反了，反過來，變成水火生金木，所以說「二物總因兒產母」，這丹道修煉裡面的二物，關係卻和傳統的五行相反，又是一個「玄中顛倒顛」。

　　而水火生金木的過程，又要有戊己，也就是土的加入，也就是要參考《參同契》的這句話「坎納戊土，離納己土。」水火加上戊己土，產生金木，所以這個金木是包含水火土，金木陰陽交替之後，「五行全要入中央」，就能產生金丹了。

月纏天際半輪明，早有龍吟虎嘯聲。
便好用功修二八，一時辰內管丹成。

「月纏天際半輪明」就是還不到滿月的程度，之前說過「生成體」共有「三體」，三體包含三個階段：小藥、初級大藥、高級大藥，而滿月就是高級大藥階段，第三個階段，陽生第三個階段。這裡「月纏天際半輪明」講的不是第三個階段，而是第二個階段，所以才說「半輪明」，屬於初級大藥的程度，這個程度就已經「早有龍吟虎嘯聲」，意思是烏肝兔髓已經陰陽交替相當激烈了。這個時候「便好用功修二八」，二乘以八等於十六，一斤十六兩，足金足兩的意思，簡而言之，「練透」，這個時機就是要把握陰陽練透的機會。什麼時機呢？就是當初級大藥開始出現的時候，初級大藥就是「方體」──小型曼陀羅、各種幾何形狀、或者類似文字的內景。當這種內景開始產生的時候，就要順著這個時機，「便好用功修二八」，用功練足練透，這樣就能「一時辰內管丹成」，當然這是比較樂觀的說法，但是確實是要把握這個時機，一直努力用功下去，必然能有所成就。

相反來說，小藥階段的龍虎，可能沒有「龍吟虎嘯聲」，也就是烏肝兔髓是不完整的，很可能兔髓還沒長出來，也很可能烏肝還沒長出來，只有氣感，這時候離「月明」就相當遙遠了，這時候怎麼辦呢？也不能怎麼辦，還是一樣依照陰陽交替的法則，在氣感和恍惚之間繼續交替，陽極生陰，陰極生陽，繼續努力把烏肝兔髓給練出來。

這裡還講到一個重點，「一時辰內管丹成」，古代一個時

辰是現代兩個小時，無為丹道的練法要練透，幾乎平均時間也差不多要兩個小時，所以各位陰陽練透的時間，練上一輪的陽極生陰，陰極再生陽，至少要準備兩小時的時間。這一點在《無為丹道》書中就已經說過了，而在《悟真篇》這裡，也得到印證，當然對於無為丹道的練習者來說，兩小時是很熟悉的時間長度，幾乎都是要這個時間長度才行。

市面上有不少練習打坐的，大多只有半小時，在這裡真的要呼籲各位有心的修煉者，半小時真的練不到東西，頂多氣機發動一下，然後就沒了，根本沒辦法陰陽練透，只要沒有做到「練透」，想要進步，那是難如登天。真正內行能練出東西的修煉者，應該都知道基本兩個小時的修煉時間，絕對是必要的。

華嶽山頭雄虎嘯，扶桑海底牝龍吟。
黃婆自解爲媒合，遣作夫妻共一心。
（黃婆自解相媒合）

華嶽山頭就是華山，扶桑海底就是東海，相對之下華山就在西邊，就是西山，西山虎嘯，東海龍吟，還是一樣代表烏肝兔髓在陰陽交替作用，東海龍吟就是烏肝木，西山虎嘯就是兔髓金。

黃婆就是土，真土，清淨之土包含在烏肝木和兔髓金之中，「遣作夫妻」陰陽交替之下，「共一心」，最後完全開啟心竅，開啟虛空定，開啟中脈，開始凝聚金丹真人。

西山白虎性猖狂，東海青龍不可當。

兩手捉來令死鬥，化成一塊紫金霜。

　　這一段和上一段完全一樣，上一句的「華嶽山頭」就是
這句的「西山」，上一句的「雄虎嘯」，就是這句的「白虎性
猖狂」，同樣也是兔髓。理所當然，「東海青龍不可當」就是
「扶桑海底牝龍吟」，同樣指烏肝。「兩手捉來令死鬥」也是
講烏肝兔髓兩者的陰陽交替作用，這個作用最後能把金丹練
出來。

　　「紫金霜」就是金丹，金丹並非是金色的，很多練搬運
法的人練出橘黃色的烏肝，就會說這是金丹，事實上，很少
人知道金丹並非金色，卻只知道望文生義，看到「金」就以
為金丹是金色的。事實上金丹的金並非是金色之意，而是練
鉛成金的金，是一種和鉛做對比的意思，並非顏色是金色。

　　那金丹是什麼顏色的？金丹就是紫金色。紫金色又是什
麼色呢？紫金是偏紅的金色，和偏黃的金色是不同的。為什
麼說金丹是偏紅的金色呢？這個祕密，我猶豫很久，還是寫
了出來，冒著被宗教騙徒抄襲的危險，還是寫了出來，因為
不管我有沒有寫出來，宗教騙子永遠都存在，不會因為我把
金丹是紫金色的原因寫了出來，就沒有宗教騙子。

　　烏肝兔髓和金丹是同氣相求，都是屬於光，烏肝兔髓是
比較粗糙的光，金丹是非常精細的光，成熟的金丹精細到可
以面部表情一清二楚，非常驚人的真人精細度。而金丹真人
的內景風格類似烏肝的風格，我們可以看到在比較精細的烏
肝中，會出現各種線條，有的如花朵，有的如方格，有的如

細繩，但是都是同一個色調，深淺不一。

金丹就是如此，在同一個色調當中，產生深淺不一的內景，而最初出現的金丹真人就是最低頻率的紅光，在紅光當中出現的金丹真人，出現深淺不一的紅色，亮紅色就接近紫金色，這就是為什麼金丹又稱為紫金丹的原因。

赤龍黑虎各（合）西東，四象交加戊己中。
復姤自然能運用，金丹誰道不成功。

這段夏版寫「合西東」，陳版寫「各西東」，本書認為陳版的「各西東」比較符合意義。

赤龍黑虎是什麼呢？龍難道不是東方青，應該是青龍配白虎嗎？怎麼這邊赤龍配黑虎？這邊可以有兩種解釋：第一種就是「赤龍」一組，「黑虎」一組；第二種是「赤，龍，黑，虎」分成四組，四個方向。

先看第一種解釋，如果依照前幾段的「震龍汞自出離宮，兌虎鉛生在坎方。」張伯端有類似的用法，就是把龍和汞一起，汞就是火，就是赤色；把虎和鉛一起，鉛就是水，就是黑色。而張伯端在「震龍汞自出離宮，兌虎鉛生在坎方。」的用法就是五行順行相生應該是木生火，金生水，但是丹道卻是相反水火生金木，講的是「玄中顛倒顛」的現象。

這第一種解釋就是按照這段的解釋，同樣的意思，「赤龍黑虎各西東，四象交加戊己中。」本來應該是赤和龍一組，木生火；虎和黑一組，金生水。所以說這種情況下，五

行相生「各西東」各自在各自的位置。

　　但是練了丹道之後，「玄中顛倒顛」，整個顛倒過來，變成水火生金木，而這樣顛倒的原因是因為「四象交加戊己中」，因為清淨的真意真土加入水火，故而水火轉而生金木，變成四象因為戊己土而交互作用在一起了。

　　這第二種解釋，跟第一種也差不多，就是把「赤，龍，黑，虎」分成四組，四個方向。意思也是一樣的，後面「四象交加戊己中」也是因為清淨真意真土的關係，交互作用在一起了。

　　「復姤自然能運用，金丹誰道不成功。」復姤是兩種卦象，復卦是一陽生的意思，姤卦是一陰生的意思，復姤也是陰陽的意思，「復姤自然能運用」就是烏肝兔髓陰陽二物能夠自然起作用了，在清淨真意真土之下，水火轉為金木──烏肝兔髓，陰陽交互作用之下，誰說金丹能夠不成功呢？一定可以練成的。


　　先且觀天明五賊，次須察地以安民。
　　民安國富方（當）求戰，戰罷方能見聖人。


　　很明顯的，張伯端讀過《陰符經》，這段應是從《陰符經》出來的一個歸納看法。
　　「觀天之道，執天之行，盡矣。
　　天有五賊，見之者昌。五賊在心，施行於天，宇宙在乎手，萬物生乎身。
　　天性，人也；人心，機也；立天之道以定人也。

天發殺機，斗轉星移；地發殺機，龍蛇起陸；人發殺
機，天地反覆；天人合發，萬化定基。

性有巧拙，可以伏藏。九竅之邪，在乎三要。可以動
靜。火生於木，禍發必克，奸生於國，時動必潰；知之修
練，謂之聖人。

天地萬物之盜；萬物人之盜；人萬物之盜也。三盜既
宜，三才既安。故曰：食其時，百骸理；動其機，萬化
安。」

「先且觀天」來自「觀天之道」；「明五賊」來自「天有
五賊」；「次須察地」來自「地發殺機」；「以安民」來自「人
發殺機」；「民安國富方（當）求戰，戰罷方能見聖人。」來
自「知之修練，謂之聖人。」

「五賊」是什麼？要知道什麼是五賊，還得從《陰符
經》看起，《陰符經》的價值觀，並非把「賊」當成負面的
詞，我們看「天有五賊，見之者昌。」看到五賊還能夠
「昌」，表示五賊是正面的詞。再看「天地萬物之盜；萬物
人之盜；人萬物之盜也。三盜既宜，三才既安。」，這段裡
面對「盜」的用法：天地是萬物「盜取」的來源；萬物是人
「盜取」的來源；人同時也是萬物「盜取」的來源，可見得
「盜」在這邊是一個「資源分享流通」的概念。同理可推，
「五賊」也是類似的概念，五行之間資源分享流通的現象，
五行並非個別存在，而是彼此之間互相流通的關係，因此木
生火，火生土，土生金，金生水，水生木；反過來，木剋
土，土剋水，水剋火，火剋金，金剋木。

知道「五賊」的概念是五行之間交流互通之後，再來看

「先且觀天明五賊」就很清楚了，意思是先觀察天的自然法則，知道五行力量之間的互通流轉。

「次須察地以安民」這段可從「天發殺機，斗轉星移；地發殺機，龍蛇起陸；人發殺機，天地反覆；天人合發，萬化定基。」來看，既然知道「賊」、「盜」是「資源分享流通」的意思，再來看「發殺機」，就可以知道是「力量的啟動」，並非是真的要殺誰的意思。天地人啟動力量之後，就會引發一連串的反應，所以張伯端說「次須察地以安民」的意思跟上一句相同，也是要觀察大地的動態以安民心，結合上一句的「先且觀天明五賊」，就是觀察天地之間的力量啟動和流轉，以安民心，同樣強調的是觀察大環境的自然變化。而在丹道修煉當中，就是觀察一切修煉中現象的變化，因此「觀察」才是重點，觀察各種變化，了解趨勢和歸納力量的系統。

「民安國富方（當）求戰，戰罷方能見聖人。」明白一切的變化之後，就要下手修煉，「求戰」的意思就是呼應《陰符經》的「知之修練」，修煉到成功之後，就能出現金丹真人，「戰罷」就是修煉成功，「見聖人」就是出現金丹真人。

這段講了一個很重要的價值觀，就是丹道修煉並非是藉由特殊的祕法、並非是藉由後天識神去引導練出來的，而是藉由「觀察」自然的演化趨勢所歸納出來的次第，因此可以看到在《悟真篇》當中，描述了許多以「道法自然」方式修煉才會出現的現象，而這些現象不會出現在以後天意識刻意引導的練法當中。因此這一點價值觀非常重要，直接點名了

丹道是如何修煉的，也勸告修煉者不要再尋覓各種祕法了，觀察各種現象的發生，才是修煉的正途。

> 用將須分左右軍，饒他爲主我爲賓。
> 勸君臨陣休輕敵，恐喪吾家無價珍。

「用將須分左右軍」，張伯端只要提到二物，就是烏肝兔髓，同樣的這裡的左右軍也是烏肝兔髓，這是銜接前一段的「民安國富方求戰，戰罷方能見聖人。」戰罷就能出現聖人，當然就是烏肝兔髓，不可能是水火，水火還需要真土轉化成金木，也就是烏肝兔髓才能用，所以這裡的「左右軍」同樣是烏肝兔髓。

「饒他為主我為賓」，這一段同樣銜接上一段的「觀天察地」，也就是觀察現象，而神火處於賓位，自然現象為主位，也就是烏肝兔髓的自然演化是主位，觀察屬於賓位。張伯端在這段同樣闡述了反對後天識神用事的態度，反對用自我意識干涉自然演化之道。

「勸君臨陣休輕敵，恐喪吾家無價珍。」上兩句闡述了反對用自我意識干涉自然演化之道，這一段更強調這個「賓位觀察」的重要性，不要輕易把自我的慾望，也就是不清淨的後天慾念，強加進修煉的過程當中，如果強加進去，「恐喪吾家無價珍」，這個珍寶就是金丹真人。

烏肝兔髓的陰陽交替，並非是由任何祕法或者意念帶領可以煉成的，越多意念的干涉，就越容易失敗，特別是兔髓的部分，幾乎是沒辦法用意念干涉，因為兔髓產自神火，只

要神火出了問題，兔髓幾乎是沒辦法產生的，這個問題就是後天意念干涉，只要無法辨認後天意念干涉的心理活動，就注定了無法產生兔髓，當然金丹也就煉不出來。因此張伯端上一段強調「觀察」，這一段強調「我為賓位」，也就是後天不可干涉之意。

　　火生於木本藏鋒，不會鑽研莫強攻。
　　禍發總因斯害己，要能制伏覓金公。
　　（禍發祇因斯害己）

　　「火生於木本藏鋒」火指的是神火，木生火，「本藏鋒」，火隱藏在木當中，同樣這段也與《陰符經》有關。「火生於木，禍發必克」，火生於木，如果從木當中發生火了，火把木燒完，火也就自然消失了。所以火與木也有著相生相剋的關係，火因木而產生，火也因為木的燃燒殆盡而消失。

　　「不會鑽研莫強攻」不會鑽研火的性質的話，就不要強攻，意思就是不懂神火的性質的話，就不要使用太多神火。使用太多神火的意思跟上一段的「饒他為主我為賓」一樣，神火的使用就是「賓位觀察」，而不是「強攻」、「主位導引」。

　　「禍發總因斯害己」，「禍發」同樣來自於《陰符經》「火生於木，禍發必克」，火本來藏在木當中，因為使用不當，「強攻」，造成用火太過，因此造成「禍發」，所以說「禍發」總是因為這個原因害到自己。什麼原因？就是「強攻」，也就是「主位導引」，因此這一段又重複強調不可後天

識神干涉，僅可採賓位觀察，否則必然造成災禍，煉丹的災禍就是練不成，用後天慾望越想練成，越是練不成。

如果因為後天識神干預，造成練不成，該怎麼辦呢？有很多人的神火是比較鈍的，也搞不清楚什麼是「賓位觀察」，所以張伯端說「不會鑽研」，可見得很多古代人和現代人一樣，性功太弱，對自我意識的存在與否、對自我慾望的產生，幾乎是不知不覺的，這樣的人就非常難練，幾乎是練不成的。

但是張伯端也給了這樣的人一個希望，「要能制伏覓金公」，就是尋覓「金公」，很多人搞不清楚「金公」是什麼，金公兩個字湊起來就是「鈆」，這個字就是鉛的異體字，異體字就是一個字，歷代有很多不同的寫法，例如外「匯」、外「滙」，就是很常見的異體字，兩者使用的頻率幾乎差不多。

「鈆」就是「鉛」的異體字，知道了這一點之後，金公是什麼就很清楚了，就是真鉛，也就是烏肝。張伯端建議這樣的人去尋覓「烏肝真鉛」，只要順利出現烏肝，這個後天識神干預過度的情況，就能得到制伏。

換言之，「禍發」的現象就是出現在「金公」之前，也就是真鉛烏肝出現之前，也就是氣功態階段。現在有很多人一直在練氣，卻不知道要煉烏肝兔髓，甚至有許多註解家也不知道什麼是金公，真鉛、烏肝是什麼都不知道，誤以為練氣就能夠成就金丹，誤把「腹裡陰」當成金丹的，比比皆是。簡單來說，一直卡在氣功態階段，就是「禍發」，這個禍就是練不成金丹，把孤陰當成金丹了。

從這段可以知道，在張伯端的時代，卡在氣功態階段的人也不少，所以才會有這樣的詩句出現。但是我們從各家註解看來，註家自己卡在氣功態階段，以氣功態的角度來解釋一切的，竟是占了大多數，這是非常令人遺憾的，希望本書出版之後，能給有志於道家修煉的朋友一個清楚的方向。

　　金翁（公）本是東家子，送在西鄰寄體生。
　　認得喚回（來）歸舍養，配將姹女作親情。

　　本段夏版「金翁」和陳版「金公」意思差不多，但是陳版「金公」更符合鉛的異體字，鈆。而夏版「喚回」和陳版「喚來」同樣意義相差不大。

　　從上一段知道金公或者金翁是真鉛烏肝，所以「東家子」也就很容易理解了，東方木，烏肝就是木，兔髓就是金，「金翁本是東家子」就很清楚了。

　　「送在西鄰寄體生」，「西鄰」就是西方，就是金，兔髓，兔髓是跟在烏肝之後出現的，兔髓的來源其實也是烏肝，烏肝先行陽之後，陽極生陰，才慢慢轉化為兔髓在陰當中的來源。所以說同樣是小藥，先在烏肝東方行陽，然後再入兔髓西方入陰。

　　「認得喚回歸舍養，配將姹女作親情。」這句是講「生成體」的「三體」現象，在「依他坤位生成體，種向乾家交感宮」這一段當中，我們提到一種特殊的現象，就是陰極生陽之後產生的一陽生現象，共分成三個階段，而這三個階段的陽生現象都有一個特徵，就是會往第一個陽的發生時機產

生。而「認得喚回歸舍養，配將姹女作親情。」講的就是第一階段陽生的現象，也就是烏肝小藥的陽生現象。

烏肝小藥本來是「東家子」，烏肝小藥進入恍惚化陰階段之後，就進入了「西鄰」，陰極生陽之後，又產生了烏肝小藥，這個烏肝小藥就「認得喚回歸舍養」，還是一樣回到東家老家「歸舍養」，繼續養下去，繼續練的意思。

「配將姹女作親情」，練到一個程度，兔髓也產生了，姹女就是汞，汞會轉化成兔髓，所以這裡姹女也指兔髓，同樣也是烏肝兔髓陰陽交替繼續練下去。


姹女遊行自有方，前行須短後須長。
歸來卻入黃婆舍，嫁箇金翁作老郎。


「姹女遊行自有方」姹女就是汞，汞很容易流動，注意力剛開始的時候很容易起雜念，所以稱為汞，取其容易流動的意思，「遊行」就是容易四處遊走，是汞的特性。「自有方」雖然汞容易四處遊走，但是要化解這個問題，自然有他的方式，什麼方式呢？就是「前行須短後須長」，什麼是前行什麼是後呢？

因為兔髓的來源是汞，汞要轉化成兔髓的話，必須有方法的，這個方法就是「前行要練短一點，後面要練長一點」，什麼叫做前行？兔髓之前當然就是烏肝，烏肝的來源是氣，也就是要練出兔髓的話，必須氣或是烏肝的練習時間要比汞或兔髓練習時間還短，陽的時間比較短，陰的時間比較長。

換言之，一個人練到烏肝出現了，但是兔髓還沒出現的這個階段，他的陰陽練習時間的比例，會產生重大的變化。如果他要練出兔髓，他必須花更多時間在恍惚化陰的階段，也就是在產生兔髓的陰，花的時間要更長。他可能在烏肝花了半小時，但是很可能在要產生兔髓的恍惚化陰階段花了一個半小時，甚至可能一個半小時還不夠，有可能每次練功都會很容易進入恍惚。

所以當一個練習者，已經有了烏肝，但是還沒有兔髓，發現自己練功很容易進入恍惚或者昏睡，這時候不用抗拒，也不用擔心，因為這是正常的現象，要練出兔髓本來就要花更多倍的時間，這時候如果自己的時間不夠，就要注意自己是否太執著氣功態或者烏肝光的階段，而忽略了該提供大量的時間給陰，以便產生兔髓。

「歸來卻入黃婆舍，嫁箇金翁作老郎。」這同樣講的是「生成體」的陽生第一階段，小藥階段，如果在陰極生陽的陽生階段，產生了兔髓，這時候跟產生小藥烏肝一樣，「歸來卻入黃婆舍」，還是回到烏肝繼續練，這時候更要注意「黃婆」就是清淨的意土，真土。「嫁箇金翁作老郎」，同樣跟金翁烏肝繼續陰陽交替煉金丹。金翁就是金公，鉛的異體字。

所以不管「生成體」是烏肝，還是兔髓，同樣都回到「舍」，回到最初的玄關，也就是開啟烏肝的玄關，然後繼續陰陽交替練，不可偏陰，也不可偏陽。

縱識朱砂及黑鉛，不知火候也如閑。

大都全藉修持力，毫髮差殊不作（結）丹。

劉一明版為「結丹」，夏版和陳版皆為「作丹」。

即使知道硃砂和黑鉛，不知道火候也沒用，大多是憑藉修持能力，只要差一點點就結不成丹。

硃砂就是相對於汞，汞來自硃砂，硃砂精煉之後會產生汞，所以硃砂代表最初最粗糙的神火，就是注意力很難集中的汞。

黑鉛相對於真鉛，強調黑，就是腎氣，腎氣精煉之後會產生烏肝真鉛，所以黑鉛代表最初最粗糙的鉛，就是最初的氣感。

即使知道要用神和氣來練，不知道火候也沒用，大都是憑藉修持能力，這個修持能力幾乎是天生的，有的人天生就很容易找到出路，有的人天生就很難找到路，性功有一個很大的比例是跟天分有關。

只要修持能力不夠，差一點點沒練對，就沒辦法練出金丹。事實上在修煉的路上，有許多歧路，例如本書所提到的搬運法，將後天孤陰之氣認作先天，以後天識神導引氣感，造成難以進化成烏肝兔髓，這就跟修持能力有關，有些人會被搬運法吸引，有些人接觸搬運法之後，知道搬運法與道法自然大相徑庭，就自然遠離。當然還有許多各式各樣的歧路，一個修行者在面對各式各樣的歧路的時候，是否能夠找到真正的修煉之法，考驗著修行者的修持能力。

契論經歌講至眞，不將火候著於文。

（契論丹經講至眞）

要知口訣通玄處，須共神仙子細論。

　　「子細」同「仔細」。夏版「經歌」，陳版「丹經」，意義相差不大，古代丹經大多採用詩詞歌謠的型態出現，例如《參同契》、《黃庭經》、《呂祖詩》皆是，包含張伯端自己寫的，也是採用詩詞歌謠的方式來論述丹經。

　　修煉金丹的經書講至真修煉之法，卻不曾將火候清楚地寫出來，修煉者若想要知道口訣當中的通玄處，必須要跟神仙仔細討論。

　　這裡的神仙並非是真正的神仙，而是指練到金丹的人，只有練到金丹的人，才有辦法知道火候是怎麼回事。因為這個人已經走過了所有的過程，對於陰陽交替非常熟悉了，只有這樣的人，才能知道通玄之處是怎麼回事。

　　火候無法寫清楚，是因為陽極生陰，陰極生陽，只是一個大原則，在實際修煉的時候，一個沒有經驗的初學者，很難去了解什麼狀況才是陽極、什麼狀況是生陰、什麼狀況又是陰極、什麼狀況又是生陽。筆者在教學的過程中，確實遇到許多初學者有這樣的問題，而且每個人遇到的問題都不相同，每個人的障礙都不相同。有人的障礙在性功；有人的障礙在命功；有人可能怎麼練都練不到陽極，搞不清楚陽的生發是怎麼回事，要怎麼練才是陽氣真正的生發；有人怎麼練都練不到生陰，一直卡在陽的狀態；也有人卡在陰的幻境當中，有各式各樣的問題。如果不是自己走過，是很難解決每

個人各式各樣不同的問題，所以不是丹經不願意寫出火候，而是沒辦法寫，因為每個人具體遇到的情況都不相同，只能寫出大原則，細節是很難一概而論的。

八月十五翫（玩）蟾輝，正是金精壯盛時。

若到一陽纔起復（處），便堪進火莫延遲。

（若到一陽才動處，便宜進火莫延遲。）

夏版和陳版使用同一個字「翫」，但是劉一明版卻和翁葆光版使用同一個字「玩」，意義上並無不同，「翫」同「玩」。夏版與翁版同為「起復」，陳版「起處」，劉版「動處」，看來三者差異也不大，重點的一陽生都有表達出來。

這裡的「蟾輝」，應該是跟「蟾宮」相同，都是月，八月十五玩月光，當然不是真的玩月光，這裡的玩應該是「出現」，但是並非真正的出現月光，而是玩票性質的出現，不是真正完整的滿月。

兔髓出現的時候是白光，而兔髓最圓滿的時候，「正是金精壯盛時」，出現的兔髓可不是跟烏肝小藥一樣，一片白雲，而是圓形的白光，非常像滿月，但是這時候的兔髓可不是大藥滿月，就是兔髓而已，最壯盛的兔髓就是正圓形。所以這時候的兔髓很容易被誤認為大藥滿月，跟白色的烏肝一樣，都非常容易被誤認為是滿月。

白色的烏肝是最初級的烏肝，所謂的虛室生白，最初產生的烏肝就是白光，當然也有「修持力」比較強的人，一開始出現的烏肝就是彩色的，但是超過半數的人，特別是修持

力比較差的人，一開始出現的烏肝，幾乎都是白色開始，練一陣子之後，才會慢慢出現其他色彩的烏肝。

因此要知道自己出現的到底是烏肝、兔髓、還是滿月，是很容易的，一開始出現的妥妥的就是烏肝，從來沒有出現過別的光，第一次出現的光，那就是烏肝了。

當烏肝出現了很多年，各種顏色都出現過了，也很熟悉陰陽交替轉化的程序，只是兔髓一直沒出現，這時候在陽生的狀態，開始出現一整片的白光，那就是兔髓產生在「坤位」，要繼續堅持下去，兔髓才會繼續產生在陰陽交感處，也就是入陰之處。而出現在入陰之處的兔髓，努力一段時間之後，才會產生如同滿月的兔髓。所以兔髓的產生是非常不容易的。

烏肝兔髓陰陽轉化出現一段時間之後，開始在坤位出現各種三階段的陽生內景，例如大型曼陀羅、霜飛之類的，這時候陰陽轉化的型態開始越變越短，原來兔髓階段的陰所花費的時間非常地長，這個時間越來越短、越來越短，可能從原來的好幾個小時，變成只剩下幾秒鐘，極短時間的陰陽轉化而產生的三階段陽生，這個時機出現的滿月，才是真正的滿月。

筆者經常看到有人把烏肝當成滿月，把幻境當成出陽神，當真是啼笑皆非，但是又能如何呢？只能努力寫書，把真相寫出來，希望沉溺幻境的道友們，走出迷幻極陰之地，練出真正的純陽之體。

「若到一陽纔起復，便堪進火莫延遲。」若到了一陽生才剛開始的時候，就開始要進火不要延遲。這個講的就是

「生成體」的產生，如果在坤位生成體產生的時候，沒有進火，進火就是提起覺知，覺察虛空玄關竅，那麼這時候應該產生的一陽生的「生成體」就不會出現，白白喪失了進步的機會。

這個「生成體」產生在「坤位」，陰極生陽之處，一陽生之處，而這個生成體的產生，並非是白白產生，必須在一陽生的時機提起覺知，「進火」，才能夠順利產生，而每次陰陽交替練透順利產生的「生成體」，就會慢慢「種向乾家交感宮」，往第一個陽，也就是下手練習之處的陽，陽極生陰的陽，往那個地方產生。例如原來只有氣感，沒有烏肝光，幾次的陰陽練透之後，就會在一陽生之處，產生烏肝，這時候產生的烏肝，慢慢就會向只有氣感的地方發展，原來只有氣感，就會在氣感的後段慢慢產生烏肝，甚至練到後來，烏肝幾乎完全取代氣感，氣感的時間已經非常短了，可能兩三個呼吸的時間，就從氣感轉化成烏肝了，而這種轉移的現象，就是「依他坤位生成體，種向乾家交感宮」。因此「生成體」的產生非常重要，代表著進步的腳步開始邁開，如果沒有「生成體」的產生，則進步將難以發生。而生成體的產生則需要正確地「進火」，正確的「進火」則需要對陰陽有正確的認識，否則一步錯步步錯，可能一輩子都無法練出烏肝兔髓，更別說金丹了。

而在兔髓達到壯盛之際，正確的一陽生進火就更加重要了，這關係到是否能夠從第二階段初級大藥，轉變成第三階段高級大藥的關鍵，這個關卡只要能夠真正把握住，金丹唾手可得。

一陽纔動作丹時，鉛鼎溫溫照幌幃。

　　受氣之初容易得，抽添運用（火）卻防危。

　　夏版，陳版，劉版都是「運用」，但是朱元育版卻是「運火」，頗有道理，因為一陽生之際，不可能還抽鉛添汞，因為這時只有「進火」一個動作，就算是「抽添」，也是「抽添運火」比較符合實際狀況。

　　本段可能是源自呂純陽〈沁園春〉：「正一陽初動，中霄漏永，溫溫鉛汞，光透簾幃。」張伯端的《悟真篇》有多處引用自呂純陽詩，因此被張伯端所引用之呂純陽詩，也可作為鑑別之用，因呂純陽的資料混雜了許多偽作託名，有被張伯端引用過的，偽作託名的可能性就大大地降低了。

　　陰極生陽，「一陽」才剛開始啟動的霎那，正要「作丹」之時，「鉛鼎」就是玄關，這時的玄關「照幌幃」，開始要產出「生成體」，開始要出現光了，至於是烏肝光、兔髓光、還是更進階的大藥光，就看程度了，不管如何在這個霎那，就是準備要出現光，因此「鉛鼎溫溫照幌幃」，玄關竅的氣開始集中，並且光開始產生。「照幌幃」，「幌幃」即「幃幌」，漢典網站解釋為「室內的帷幔」，也就是室內的布簾，當然實際上光產生的時候，不會照射到你家的布簾，這是以「照幌幃」來形容光產生了。

　　這個光要產生的時機就是「受氣之初」，一陽生的剛開始，這個時機的生成體「容易得」，但是「進火」卻要小心，抽就是減少，添就是增加，進火時到底要進多少火才是對的？這時候就要小心了，太多太少都會失敗，危，就是危

險，失敗的危險。

到底多少才是適當呢？這又回到一個雞生蛋，蛋生雞的老話題了，又牽涉到「修持力」。對一個「修持力」很低的人，筆者給的建議是，如果一直抓不到訣竅，就是用「傻功夫」，就是多試幾次吧，不要一廂情願地認定怎樣才是對的，各種方式都要嘗試，找出最好的方式。而「修持力」高的人，一下子「進火」，馬上就產生「生成體」，這當然是最理想的狀態了。

玄珠有象逐陽生，陽極陰消（來，精）漸剝形。
十月霜飛丹始熟，此時入口鬼神驚。
（此時神鬼也須驚）

劉版「陽極陰消」；陳版「陽極陰來」；夏版「陽極陰精」，本書採用劉版較為合理，因為已經「十月霜飛丹始熟」，進入純陽狀態，當然就是「陰消」比較合理，陰來或者陰精都很奇怪。

夏版「此時入口鬼神驚」；陳版「此時神鬼也須驚」，本書採用夏版，因為根據筆者自己的丹熟體驗，產生的真人內景確實如夏版所說，而並非陳版所說的——因為丹熟所以才導致鬼神驚，而是丹熟，出現鬼神驚的象。為什麼張伯端說「鬼神」？因為剛開始出現的真人，又像鬼又像神，而且還會產生令人驚嚇的表情，這個狀況若非筆者自己練到，恐怕想破腦袋想一輩子也無法理解這種令人驚嘆的現象。而「入口」則是因為剛開始出現的真人（鬼神）是很容易產生受驚

的表情，入口表示初始的意思。

「玄珠有象逐陽生」，玄珠就是金丹，金丹是成熟期的象才稱為金丹，在金丹尚未成熟之時，會產生各種玄奇的象，例如幾何圖形、六角形、圓形、正方形、楷書文字、蚯蚓文等等奇異的象。所以張伯端說得很明白，「玄珠有象」，玄珠並非是「腹裡陰」──腹部裡面的氣感，很多氣功練習者將玄珠解釋為腹中的氣感，張伯端已經說得很白了，「腹裡陰」產生於腎的氣，屬於孤陰，並非是玄珠，也不是金丹。

「玄珠有象」就是前期尚未成熟的金丹，是有內景的，這個內景的產生，「逐陽生」，是追著陽生產生的，也就是金丹的產生都是在「坤位」，陰極生陽之處，並非是在第一個陽的地方，而是經過烏肝兔髓，陽極生陰，陰極生陽的時機點所產生的，稱為「逐陽生」。特別是第二階段的陽生內景，毫無例外的，都是在陽生的時機點產生。經常見到的謬誤，就是在第一個時間點產生的烏肝，就自稱為金丹，這是最常見的謬誤，希望各位讀者知道這一點之後，能夠對於錯誤的金丹產生分辨的能力。

「陽極陰消漸剝形」，逐漸進入純陽狀態的過程，玄珠的「形」會漸漸改變，從小形幾何曼陀羅，慢慢轉型成大型曼陀羅，在陽生內景的過程中，可以感受到曼陀羅的大小和力量漸漸在改變，就像剝掉濁陰之後，內景形象漸漸開展改變。

「十月霜飛丹始熟」，漸漸成熟的過程，除了曼陀羅的大小和力量改變之外，到了一個契機，也會出現霜飛，這個

霜飛並非是類似眼前霜往下掉，有些初學者會出現一些小星點，就把這種現象稱為霜飛，那可真是誤會大了。

常見到有人把烏肝當成金丹，小星點當成霜飛，把欲界濁陰幻境當成出陽神，此種誤會層出不窮，甚至可以找到有某些古代的造假經典將此現象寫在書中，稱為經典，因此各位道家修煉者不可不察，以免被誤導至錯誤的方向，以為練成金丹，卻只是烏肝一顆、小藥一個，一輩子都被蒙蔽在這個謊言當中。

霜飛是從下往上看，有點像是天文科學影片當中星球快速從遠方接近的移動感，而且是出現在幾乎達到陰盡陽純的陽生狀態，也就是當你的霜飛是出現在你練了無數次的烏肝兔髓陰陽交替轉換，而你的兔髓也成熟到可以形成一個滿月狀，你有這樣的現象無數次地發生之後，再加上無數次地陽生曼陀羅內景成形，再加上烏肝兔髓陰陽轉換有縮短的趨勢，這些次第都滿足之後，你才出現霜飛，這才是真正的霜飛。所以當各位讀者看到有人自稱霜飛，卻連以上的次第都未曾滿足，那你就可以知道，對方只是出現烏肝之前的小星星雜點而已，這類的小星星雜點，連烏肝的程度都沒有，而是要出現烏肝之前散亂的星光而已。

當然也見過有人把散亂的星光當成霜飛，白色的烏肝當成兔髓，之後產生橘黃色的烏肝當成金丹，這樣的荒謬之事經常可以看到，各位讀者看了本書盡洩天機之後，應當不會再被這些錯誤荒謬的解釋所迷惑了。

霜飛丹熟之後，金丹就會轉化成真人，真人與金丹是一體兩面，打開就是真人，凝聚成一團就是金丹，真人的產生

在初期之時，「此時入口鬼神驚」，非神非鬼，似神似鬼，卻極其容易受驚，有許多神像都將此現象畫成各種神的形象，例如各類明王，或者各類敦煌天女，都是初期的真人內景形象。關於真人內景，筆者也是猶豫再三，理由同前，宗教騙子如果要騙人，怎樣都能找到辦法，不會因為筆者隱藏真人的內容就不會騙人，因此決定寫出來，讓塵封千年無人能懂的《悟真篇》，重新以真正面目出現在世人之前。

前弦之後後弦前，藥味平平氣象全。
採得歸來爐裡煅，煅（煉，煉）成溫養自烹煎。

「前弦之後後弦前」，「前弦之後」是初一之後，「後弦前」三十前，這個狀態還不到十五滿月的狀態，處在弦月的前後階段，意思是不到金丹即將成熟的轉化狀態。但這時候「藥味平平氣象全」，該有的烏兔兩種藥物都有，「平平」的意思是沒有很旺盛。這兩句講的是雖然烏肝兔髓都有，但是還不成熟，還在剛開始的階段。

「採得歸來爐裡煅」，採得「烏兔小藥」來火爐裡面鍛鍊，火爐就是玄關竅，講的還是烏肝兔髓陰陽交替的過程。「煅成溫養自烹煎」，前段還有神火鍛鍊，鍛鍊到後段就成了「溫養自烹煎」的狀態，也就是深度入定狀態，此時已經「止火」，所以才會自動「烹煎」。這裡強調的是，即使已經止火，還是依舊自動在鍛鍊，並非止火就沒有煉，沒有火還是有火的餘溫「溫養」，靠著火的餘溫依舊還在「烹煎」。

張伯端雖說「不將火候著於文」，但從他通篇都在講火

候的情況下來看，他的意思應該是別人不講火候，而他卻講了許多關於火候，這一段也是在講火候，強調在烏肝兔髓二物小藥陰陽交替的過程中，後段是有止火溫養自動烹煉的狀態的，並非從頭到尾一直用神火灌注。

這個止火溫養非常重要，我們可以看到現在許多修煉門派，在教導修煉者的時候，幾乎都從頭到尾神火映照，把「止火」當成修煉結束，甚至不當成修煉的一部分，一旦產生止火現象，就急於要把修煉者喚醒，或者要求修煉者要維持清醒的狀態，這樣的做法定是違反道法自然，但是又有多少人知道「止火溫養」是練就金丹真人的一個重要的必經過程呢？


長男乍飲西方酒，少女初開北地花。
若使青娥相見後，一時關鎖在黃家。


「長男」為陽，「乍飲」剛喝到，意思是剛遇到、剛發生。「西方酒」西方為兔髓之方位，剛開始的時候，只有恍惚渺冥，如同喝醉酒。「長男乍飲西方酒」，剛開始陽遇到恍惚的時候，也就是初學者陽極生陰之時。

「少女」為陰，「初開」和「乍飲」相同，也是剛遇到、剛發生之意，「北地花」北方為水，水中花，為水轉化成真鉛金華，真鉛金華就是烏肝。因此講的是陰極遇到陽生第一階段要產生真鉛烏肝金華的時候，也就是初學者陰極生陽之時。

花為何為真鉛金華？這個部分本書前面在講述「送歸土

釜牢封閉，次入流珠廝配當。」曾解釋過：

「太陽流珠，常欲去人。卒得金華，轉而相因，化為白液，凝而至堅。」，這裡的太陽流珠講的是汞，也就是神火，剛開始的汞常常要離開人而去，意思就是雜念紛飛，注意力無法集中。練到一個程度之後，就產生金華，這裡的金華就是指烏肝光，轉而相因，跟兔髓兩者陰陽互轉互為宅室，而化為白液，白液就是兔髓，凝結而非常堅硬，是什麼凝結呢？當然就是先天氣金，也就是二階段陽生到三階段陽生的初期金丹演化，就是烏肝兔髓兩者陰陽互轉所凝結出來的結果。

初學者在陽極生陰，陰極生陽這個階段，「若使青娥相見後」，青為烏肝木，娥為陰，相對烏肝木，則為兔髓陰，若要使得烏肝兔髓後續能夠相見，就要「一時關鎖在黃家」，「黃家」黃為土，真土，就要關鎖在真土的環境中。

講的是初學者剛開始練到陽極生陰，陰極生陽的階段，如果要之後能夠練出烏肝兔髓，就要處在真土清淨之意的狀態下，換言之，不可有後天慾念參雜其中，否則將無法練出烏肝兔髓。


兔雞之月及其時，刑德臨門藥象之。
到此金砂（丹）宜沐浴，若還加火必傾危。


夏版和陳版皆「金砂」；劉版「金丹」，本書採「金砂」較為合理，因為金丹狀態是沒有「沐浴」的。

根據維基百科所述：兔之月和時，為農曆二月和清晨五

點到七點；雞之月和時，為農曆八月和黃昏五點到七點。所以「兔雞之月及其時」就是陽剛開始要出現的時候、和陰開始要出現的時候，也就是陽極生陰的陽剛開始要出現的時候、陰極生陽的陰剛開始要出現的時候。

「刑德臨門」，在《參同契》提到「刑德」為：「剛柔迭興，更歷分布。龍西虎東，建緯卯酉，刑德並會，相見懽喜，刑主伏殺，德主生起。二月榆落，魁臨於卯，八月麥生，天罡據酉。」，《黃帝四經》提到：「春夏為德，秋冬為刑。先德後刑以養生。」「刑德相養，逆順若成。刑晦而德明，刑陰而德陽，刑微而德彰。」可知刑為陰，德為陽，刑為秋冬，屬金；德為春夏，屬於木。從《參同契》可知，「德主生起」——二月、卯，所以與兔之月和時相同；「刑主伏殺」——八月、酉，與雞之月和時相同。所以刑德臨門也是陰陽臨門的意思，而且「藥象之」，藥產生「象」，這個「象」就是指光之象。換言之，「刑德臨門藥象之」，陰陽兩小藥產生光，也就是開始產生烏肝兔髓。

「兔雞之月及其時，刑德臨門藥象之。」就是陽開始生發的時候，烏肝出現；陰開始肅降的時候，兔髓出現，在這個時機點，「到此金砂宜沐浴，若還加火必傾危。」金砂應該要沐浴，如果還進火就危險，金砂就是煉金丹的原礦，指的就是烏肝兔髓小藥，在這個時間點應該要「沐浴」，在這裡定義的「沐浴」就是「溫養」，也就是採用之前進火的餘溫繼續修煉，但是此時不可進火。

因此整段的意思就是，當陽開始生發的時候，烏肝出現；當陰開始肅降的時候，兔髓出現，這個時機點，不應該

再進火，應該要沐浴溫養，不可再加入額外的神火。講得更具體，當烏肝出現的時候，注意力不應該再去刻意地加強烏肝，注意力只要擺放著就行了；當兔髓出現的時候，注意力不應該再刻意地去加強兔髓，或者在陰的狀態下升起任何刻意的覺知，只要保持原有的狀態就可以了。如果刻意加強注意力，還繼續進火的話，將會「傾危」，就是練不成金丹。

　　這一段也非常重要，因為現在市面上很常看到以後天識神刻意導引練出氣感之後，再把注意力移向眼前虛空，便能產生烏肝光，而許多人就將此烏肝光視為金丹，並將此烏肝光與身體上的氣感同時並存，甚至同時做繞行任督的行為。此行為使用強力的意念導引，這樣的做法，會讓後天識神無法退位，也過度加強了神火，因此這種練法，雖可以將烏肝練出來，並誤認為金丹，但是卻完全無法練出兔髓，當然更不可能練出金丹，因為嚴重違反了修煉的大原則：烏肝兔髓出現之時，皆不可再進火。


　　　日月三旬一遇逢，以時易日法神功。
　　　守城野戰知凶吉，增得靈砂滿鼎紅。


　　「日月三旬一遇逢」，旬，十日。一個月有三個十日，每三個十日就重新相逢，重新再開始一個月分。

　　「以時易日法神功」，而練神功的方法則是把日換成時，意思就是每日陰陽交替一次，早上太陽出來，黃昏太陽下山，一日就是一個陰陽交替，「以時易日」就是把一日一次的陰陽交替，換成一個時辰，也就是兩個小時，兩個小時

就一次陰陽交替。依據筆者和筆者許多學生的經驗，練一場的時間，大部分情況多為兩小時，可以陰陽交替一次，當然時間上沒有那麼死板，但是就平均數來講，差不多就是這個時間長度。

「守城野戰知凶吉」，守城就是陰，入定態；野戰就是陽，氣功態。而「凶吉」則參考《參同契》：「立意設刑，當仁施德，逆之者凶，順之者吉。」所以從這段知道，順者為吉，逆者為凶，順逆就是順應自然的變化，該行陽就行陽，該入陰就入陰，不要以後天意識去抗拒這個自然的趨勢，否則就是逆，為凶。像之前提過有許多門派在修煉的時候，練習者進入恍惚狀態，在旁邊教導的老師，就拿一條戒尺，往練習者的肩膀上一拍，活活把人給嚇醒，硬是不讓人進入恍惚狀態，認為恍惚就是「昏沉」，就認為這是失去覺知，甚至還有人練「不倒單」出名的，不倒單就是不躺下睡覺，其實這都是不對的，違反自然的規則，逆者為凶。真正的練法並非去抗拒陰陽的力量，強行使自己維持在陽的狀態，而是順應自然的力量，並且把一日之陰陽交替的力量，以自然的「修持力」，在一個時辰（平均兩個小時）的時間，自然練透陰陽。

「增得靈砂滿鼎紅」，這樣「以時易日」、「知凶吉」的練法，很快就能「增得靈砂滿鼎紅」，靈砂跟金砂意思一樣，就是煉丹的材料，都稱為「砂」，也就是小藥，在這裡指烏肝小藥。「滿鼎紅」，整個玄關竅都發出紅光，紅光是玄關竅最早出現的光色，當還沒出現彩色烏肝的時候，就只有亮和不亮，這時候只有白色，但是當彩色烏肝出現了，最早

出現的會是紅光。站在陽光下，閉上眼睛，自然就會滿眼都是紅光，但是要判斷這種紅光到底是閉上眼睛所產生的紅光，還是因為產生烏肝小藥的紅光，各位可以在陽光下繼續練，如果紅光慢慢變色，變橘紅、橘黃、土黃，甚至練到後來藍色、綠色、紫色都出現，那這肯定是烏肝小藥了，如果練了半天只有紅光，什麼都沒有變化，那就不是烏肝小藥出現。請各位讀者依照張伯端所講的陰陽交替，順吉凶，這樣的方式來練習，肯定能夠出現烏肝小藥的，烏肝小藥是非常容易出現的，只要按照陰陽法則，幾乎九成以上的人很快都能練出來。

所以這段講到兩個重點，一個是「以時易日」，每次練兩個小時，一個是「知吉凶」，知道陰陽交替的道理，不要違反陰陽，順應陰陽為吉，反之，逆則為凶。


否泰纔交萬物盈，屯蒙受卦稟生成。
此中得意休求象，若究群爻謾役情。


「否泰」，否卦和泰卦。劉一明《悟真直指》：「乾上坤下，天氣自上而下降，地氣自下而上升，陰陽不交而為否。坤上乾下，地氣自上而下降，天氣自下而上升，陰陽相交而為泰。否極泰來，陰陽纔交，萬物即於此而盡皆發生，盈滿宇內矣。」所以否卦代表陰陽不交，泰卦代表陰陽相交，「否泰纔交」代表陰陽從原本的陰陽不交，到陰陽相交，萬物充盈，講的是一個剛開始陰陽相交的狀態，所以使用「纔交」，才交。

「屯蒙」，屯卦和蒙卦。《參同契》：「朔旦屯直事，至暮蒙當受，晝夜各一卦用之依次序。」意思是，清晨屯卦當值，到黃昏的時候蒙卦當受，也是當值的意思，晝夜各一卦，依照次序使用。「稟」，稟告，「生成」，生成體。「稟生成」，產出生成體。「屯蒙受卦稟生成」，用屯卦和蒙卦代表陰陽生成的現象。

　　「否泰纔交萬物盈，屯蒙受卦稟生成」，當修煉者從一開始的陰陽相交，然後陰陽交替之後產出「生成體」，「此中得意休求象，若究群爻漫役情」，這過程中已經得到「真意」，就不用去執迷卦象。「休求象」跟下一段的「唯泥象」形成一個對比，如果一直在探究「群爻」——這些卦象的個別意義，那就「漫役情」了——漫同漫，役為使役，太過矯情，浪費力氣。

　　這段講的是，修煉者已經練到陰陽發動、陰陽相交、陰陽交替也產生了陽生生成體，到了這個程度，就不需要浪費力氣在個別卦象的意義了，如果還要去研究每個卦象修煉上的意義，那就太浪費力氣了。

　　這個問題雖然現代很少看到，但是類似的情況還是有的，因為張伯端強調的是有練出陰陽交替的能力就夠了，但是很多人卻會去追逐過程中的種種現象，並且把過程中種種現象當做練習的標的，這樣就過於矯情，捨本逐末，反而失去最根本的陰陽交替了。

夏版：

卦中設象本儀形，得意忘言意自明。
後世迷人唯泥象，卻行卦氣望飛升。

陳版：

卦中設象本儀形，得象忘言意自明。
後世迷徒唯泥象，卻行卦氣望飛升。

劉版：

卦中設象本儀形，得意忘言意自明。
舉世迷人惟執象，卻行卦氣望飛升。
得象（一本得意）；執象（一本泥象）


　　因為「象」在此指的是卦象，所以「得意忘言」比「得
象忘言」更符合，已經說了不要拘泥於卦象，如果又說「得
象忘言」就不符合邏輯了，因此本書採用「得意忘言」。而
「泥象」和「執象」意思差不多，所以採用較早的夏版。

　　各個卦當中設立這些象只是一種表象，「儀形」儀式外
形，表象之意。

　　「得意忘言意自明」得到真意，就可以忘記這些言論，
真意自然會讓一切清楚展現。「後世迷人唯泥象」，但是後代
的人卻執迷於這些古人所發展出來的卦象，「卻行卦氣望飛
升」，認為跟著卦象行氣就期望可以飛升成仙。

　　這段跟上一段類似，強調卦象只是表象，不應執著於這
些卦象，還期望按著卦象行氣就可以成仙。從這段可知，在

張伯端的時代，應該是有這樣的一個門派，按照卦象行氣修煉，期望可以成仙，這樣的門派縱然在現代已經不存在了，但是捨本逐末的現象，追逐於各種修煉過程中的表象的練法，忽略自然陰陽交替的運行，這種情況依舊經常可見。例如追逐行氣的路線，認為第一步應該是氣該怎麼走，第二步驟氣又該怎麼走，每一個步驟就是一個課程，諸如此類的教學還是隨處可見。


天地盈虧自有時，審能消息始知機。
（天地盈虛自有時）
由來庚甲申明令，殺盡三尸道可期。


夏版「盈虧」，陳版「盈虛」差異不大。

「天地盈虧自有時」，這句話已經很白話了，天地之間如月之盈虧，是自然運作的。「審能消息始知機」，能夠觀察自然運作的過程，才能知道生機之所發。

修煉也是一樣的，也是符合天地自然，陽極生陰，陰極生陽，「盈虧自有時」，要能觀察陰陽的自然運作，才能知道其中轉變的契機。例如觀察久了，就能知道什麼情況是陽的開始、什麼情況是陽的極限、什麼情況開始生陰、什麼情況陰達到極限、什麼情況開始產生陽生，這些陰陽的過程和轉換的契機，就跟天地自然一樣，要靠觀察才能知道。

「由來庚甲申明令」，庚代表西方，甲代表東方，在《悟真篇》裡，講到東方西方、龍虎、二物等等，都要想到烏肝兔髓。「申明令」，《史記‧卷二五‧律書》：「申明軍

約，賞罰必信。」像軍令一樣地發布命令。烏肝兔髓陰陽交替發揮的作用，像是軍令一樣，傳遞著重要的訊息。「殺盡三尸道可期」，這段應是來自呂純陽的〈鼎器歌〉：「驅除五漏斬三尸。斬三尸。見鑄劍。煉己通靈知應驗。」，殺盡三尸陰氣，道業可期。「三尸」是來自於三丹田的陰氣。前一句使用軍事用語「申明令」，這句使用「殺盡」也屬於軍事用語。由來庚甲發布軍事申明令，可以用來殺盡三尸陰氣，必可成就道業。由來以烏肝兔髓來陰陽交替修煉，其發揮的作用，必然可以讓道業有成，達到金丹真人的成就。

要得谷神長不死，須憑玄牝立根基。
陽（真）精既返黃金室，
一顆明（靈）珠永不離。

夏版「陽精」和陳版「真精」意義相差不大，夏版「明珠」和陳版「靈珠」也相差不大。

「要得谷神長不死，須憑玄牝立根基。」這段來自《道德經》：「谷神不死，是謂玄牝。玄牝之門，是謂天地根。」，這段話非常白話，若要谷神長不死，就要憑著玄牝，也就是玄關，立下根基。關於「谷神」的定義有許多種說法，本書的定義為玄關為谷，玄關中修煉之神則為谷神。玄關從烏肝的產生開始，故根據《參同契》定義：烏肝為陽神，兔髓為陰神。因此從烏肝開始、到兔髓、到金丹狀態下的玄關之神，統稱為谷神。

「陽精既返黃金室，一顆明珠永不離。」陽精就是經歷陰陽反覆鍛鍊至陽生的「生成體」，這裡的黃金室很明顯就是玄關竅，「既返」講的就是回到玄關。什麼情況會回到玄關呢？很明顯就是「依他坤位生成體」，也就是陽生「三體」，陽生三階段，所產生的烏兔小藥、初級和高級大藥、甚至是金丹真人，經過陰陽反覆之後，陽生所產生的生成體，也就是一顆明珠，返回到玄關，這顆明珠不管如何變形，只要練出明珠，就永遠不會消失。

　　玄牝之門世罕知，休（指，只）將口鼻妄施為。
　　饒君吐納經千載，爭得金烏搦兔兒。

　　本書採夏版「休將」較為合理，因為後面已經說明了「妄施為」。
　　「玄牝之門」就是玄關之門，要怎麼進入玄關的門路「世罕知」，很少人知道。「休將口鼻妄施為」，不要用口鼻呼吸來亂搞，用口鼻呼吸亂搞也是沒辦法開啟玄關的。
　　「饒君吐納經千載，爭得金烏搦兔兒。」即使你搞吐納呼吸經過千百年，怎能得到金烏和抓住兔兒呢？「爭得」是怎能得到，「金烏」就是烏肝，「兔兒」就是兔髓，「搦」是「抓」，即使你搞呼吸吐納千年，怎麼可能得到烏肝兔髓呢？意思就是只搞呼吸吐納是不可能的。這段講得非常白，搞呼吸吐納的練法，是不可能練出烏肝兔髓的。

異名同出少人知，兩者玄玄是要機。

保性全形明損益，紫金眞藥是靈奇。

（保命全形明損益，紫金丹藥最靈奇。）


夏版「保性全形」較陳版「保命全形」合理，因為「全形」形體修煉就是命功，所以講「保命全形」已有重複之嫌，因此夏版「保性全形」性、命都有是比較合理的。

「異名同出少人知，兩者玄玄是要機。」看到兩物、「兩者」，直覺就要想到烏肝兔髓，烏肝兔髓在《悟真篇》當中，用了太多不同的名稱來描述，例如金木、真鉛真汞、日魂月魄、玉兔金烏、藥物、坎離精、坎離基、龍虎、金花玉蒂、汞葉鉛枝、夫妻、二物、朱裡汞水中銀、陰陽、金公姹女等等。這些名稱雖然都不同，但是內容是相同的，都是指烏肝兔髓，很少人知道，烏肝兔髓這兩者神奇的「玄中顛倒顛」是最重要的機制。

「保性全形明損益」保性為性功之修煉，保有天生真性；全形，形體修煉完全。丹道是性命雙修，兩者同時下手，烏肝主要為命功，由腎氣轉烏肝真鉛；兔髓主要是性功，由神火轉兔髓真汞。「明損益」水火轉金木烏兔小藥的過程，神火的損益增減相當重要，在水火之時神火為增益，在金木烏兔小藥之時，神火為減損，不可進火。

「紫金真藥是靈奇」，夏版「真藥」、陳版「丹藥」意義相差不大。夏版「是靈奇」和陳版「最靈奇」，差異也不大，但是語意上陳版「最靈奇」似乎較為妥適。紫金真藥講的是大藥，紫金是金丹的真色，金丹不是金色，最初的金丹

是紫金色，故稱為紫金真藥。「紫金真藥最靈奇」，金丹的演化過程，若非親證，否則很難藉由他人之口，或者文字描述，都很難體會其中靈奇奧妙之處。

翁版：
始因有作人爭覓，及至無為眾所知。
但見無為為要道，豈知有作是根基。

夏版：
始於有作人爭覺，及至無為眾所知。
但見無為為要妙，豈知有作是根基。

陳版：
始於有作無人見，及至無為眾始知。
但見無為為要妙，豈知有作是根基。

本段差異極大，而陳版號稱是薛道光版，但是卻和翁葆光版的註解完全相同，因此被認為應該是翁葆光版，而非薛道光版。但是此處可見到一個耐人尋味的差異，翁葆光版「始因有作人爭覓」，陳版「始於有作無人見」，「人爭覓」和「無人見」這差異極大，而且較早的夏版為「人爭覺」，由此可見，「人爭」兩字是夏版和翁版共同所有的，因此陳版的「無人見」是誤植或者修改的可能性大增。因此本書採用翁版的「人爭覓」，原因有二：其一，夏版的「人爭覺」意義上比較不通，而且「覺」有可能是「覓」的誤抄；其

二,「人爭覓」在意義上和後句的「眾所知」較為對仗。

這段的目前常見版是以陳版為主,解釋方式是說一開始在有作的程度沒人知道,練無為的階段眾人才知道,意思就是出名了,「始於有作無人見,及至無為眾始知。」

本書不採用這種說法的原因是,前一段的說法似乎張伯端出名成大師了,但是這似乎與張伯端僅有少數兩個學生的實際狀況不符合。

「始因有作人爭覓」,「爭覓」,張伯端的用法應是「怎覓」,「爭」為「怎」,例如「爭知」為「怎知」,所以「爭覓」,意思為怎麼尋覓。人們怎麼找得到剛開始下手的「有作」?「及至無為眾所知」,但是講到「無為」大家都知道。「但見無為為要道,豈知有作是根基。」大家只知道無為是重要的道理,豈知有作是根基。因此意思是,人們怎麼找得到剛開始下手練的有作方法?但是講到無為大家都知道,只知道無為是很重要的道理,卻不知道有作是根基。

從這段看來,張伯端認為老子無為思想是大家都知道的,但是怎麼入手,卻找不到入手的方法,這入手的方法就是「有作」,是無為的根基,但是大家都不知道。當然張伯端在有作的根基上也說得很清楚,就是從水火下手,然後加上清淨意土,將水火顛倒轉化為金木,再由金木陰陽交替,練出陽生生成體,生成體逐漸演化成熟,就成了金丹。因此無為的階段是金木陰陽交替,而有作是水火相交,加上真土,三家相見,就能產生金丹。每個步驟都非常重要,沒有水火有為,如何產出金木無為呢?

夏版：

黑中有白爲丹母，雄裡懷雌是聖胎。
太乙在爐能謹守，三田寶聚應三台。

翁版：

黑中有白爲丹母，雄裡懷雌是聖胎。
太乙在爐宜愼守，三田聚寶應三台。

陳版：

黑中有白爲丹母，雄裡藏雌是聖胎。
太一在爐宜愼守，三田聚寶應三台。

劉版：

黑中有白爲丹母，雄裡藏雌是聖胎。
太乙在爐宜鎮守，三田寶聚應三台。


夏版翁版皆「懷雌」，陳版劉版「藏雌」，夏版翁版較早
且「懷雌」對仗「聖胎」較爲合理。夏版翁版劉版「太
乙」，陳版「太一」，太乙也通太一，意義相差不大。夏版
「能謹守」翁版陳版「宜愼守」，在語氣上略有差別，但是
大致上意義相差不大。

「黑中有白爲丹母」來自《參同契》：「知白守黑，神明
自來。」，「黑中有白」是滿月的描述，這和兔髓的精壯之時
的滿月不同，黑中有白的滿月下一步就是「雄裡藏雌是聖
胎」，也就是「太乙在爐」，換言之已經練到有具體的金丹真

人出現了。

　　「太乙在爐能謹守，三田寶聚應三台。」，第一個金丹真人，也就是「太乙」，若能謹慎持守，則「三田寶聚」，講的就是大藥生發，三丹田虛空真氣上升聚集。「應三台」，《黃庭外景經・上部經》：「靈台通天臨中野。」，務成子注：「頭為高台，腸為廣野。」，大藥生發往頭部上升，至頭部聚集之後，開啟玄關內景，出現真人金丹，而「太乙」為第一位真人，「三台」為後續出現的真人，形成九宮格上中下三台圍繞中央的太乙，這種九宮格的真人排列，在日本東密兩部曼荼羅，和西藏密宗皆可見。所以本書採用夏版，因為語法較為適合下一句的相對內容，意思為若能謹慎持守第一個在爐中的太乙，則三田大藥之寶聚集上升頭顱之後，就可以產生更進一步的三台九宮格眾神。

　　這段講的是非常高級的境界，因此可以看到各家註解無法對此段有更明確的描述，筆者根據自身修煉的經驗，將此祕密公開出來，希望各位讀者能夠因此覓得大道，修煉成仙。


夏版：
恍惚難求中有象，杳冥莫測是真精。
有無從此互相入，未見如何想得成。


翁版：
恍惚難求中有象，杳冥莫測是真精。
有無由此自相入，未見如何想得成。

陳版：

恍惚之中尋有象，杳冥之內覓眞精，

有無從此自相入，未見如何想得成。

　　夏版翁版「恍惚難求中有象」較陳版「恍惚之中尋有象」合理，因為在恍惚狀態下，自我意識，也就是後天識神已經停止運作，又如何能「尋」呢？此「尋」字顯露出非常不合理的後天意識運作，故本書依舊採用夏版。

　　「恍惚難求中有象」，恍惚狀態難求，而且其中有象。恍惚狀態主要常見有三種狀態，第一種是初學者常見的，直接昏睡過去，動功或者修煉陽氣之後，進入陰的恍惚狀態，就直接昏睡過去，這是初學者最常見的。

　　第二種狀態，開始出現幻境，這是進階者非常常見的現象，搬運法所謂的出陽神就是在此階段，將陰氣產生的各種影像，稱為出陽神。當然幻境就是幻境，不是出陽神，認定為出陽神，只是一種認知上的理解，實際上《參同契》將陽神定義為烏肝，並非如同搬運法所定義的幻境。

　　第三種狀態，不會再昏過去，也不沉迷於幻境，就會開始進入一種似睡非睡，似醒非醒，以為是醒著，實際上卻睡著的狀態。外界聲音聽不見，或者變得非常模糊，感官意識幾乎停止運作，進入一種入定態，這種狀態就是兔髓要產生的狀態。當然一開始的兔髓是會先從「依他坤位生成體」的陽生狀態產生，練到一定的程度，才能出現在恍惚的陰。

　　而張伯端這裡說「恍惚難求中有象，杳冥莫測是真精。」從真精我們可以知道，這段講的就是兔髓真精產生的

狀態，兔髓屬陰非常難以產生，和烏肝屬陽非常容易產生的環境大不相同，兔髓只有兩個環境會出現，一個就是「依他坤位生成體」的陽生時機，一個就是現在講的「恍惚杳冥」，沒有完全昏睡過去，也沒有陷入幻境，這樣的一種身體感官睡著，內在覺知仍醒覺的狀態，這種狀態「難求莫測」，若能練到這裡，其中產生的「有象」就是「真精」，也就是兔髓。當兔髓在此恍惚杳冥狀態能出現，就能和烏肝互相陰陽交替，金丹真人很快就能出現。因此兔髓的產生代表了金丹即將成就。

「有無從此互相入，未見如何想得成。」當兔髓產生之後，從此陰陽交替，「有無從此互相入」，「從此互相入」，兔髓產生之後，從此互相入，指的是烏肝兔髓從此可以啟動陰陽互轉，互相，交互作用，產生金丹。故「有無」指烏肝兔髓所在的狀態，烏肝屬陽為有，兔髓屬陰為無。「未見如何想得成」，「未見」如果沒有見到兔髓的出現，因為本段主要講兔髓產生的條件，所以「未見」主要是講兔髓沒有出現，如果兔髓沒有出現，「如何想得成」，如何用想的就可以得到金丹呢？因此這段主要是講兔髓的關鍵地位，烏肝好練，兔髓難練，兔髓不成，金丹也不成。「未見如何想得成」，未見兔髓這恍惚真精，如何用想的就能得成金丹呢？

夏版：

四象會時玄體就，五方行處紫光（金）明。
脫胎入口身通聖，無限龍神盡失驚。

翁版：

　四象會時玄體就，五方行處紫光明。

　脫胎入口通身聖，無限龍神暗聳驚。


陳版：

　四象會時玄體就，五行全處紫金明。

　脫胎入口通身聖，無限龍神盡失驚。


劉版：

　四象會時玄體就，五行全處紫金明。

　脫胎入口身通聖，無限龍神盡失驚。


　　較早的夏版和翁版文字類似，卻和較晚的陳版差異頗多，雖然陳版是目前的主流版本，但是本書還是採用較早的夏版。雖然文字差異頗大，但是意義上卻相差不大。很有意思的是陳版號稱是薛道光版，卻和翁葆光同，但是此段的文字，卻與夏元鼎同，採用「盡失驚」，卻不採用「暗聳驚」。但是夏版翁版的「紫光明」闡述的意義卻沒有陳版的「紫金明」明確，紫金代表金丹，紫光卻只是烏肝的一種光，因此陳版的「紫金明」是比較好的表達。

　　夏註：「四象者，青龍、白虎、朱雀、玄武也。五方者，東、西、南、北、中，金、木、水、火、土也。」不管是四象會或者五方行，講的都是同樣的情況，已經達到虛空純陽狀態，所以「玄體就」、「紫金明」。一看到「玄體」，就要想到張伯端之前的用語「生成體」、「三體」，所以這邊的

「玄體」不能當作是玄奇的身體，應當是玄奇的生成體，「玄體就」成就玄奇的生成體。而相對「玄體就」就是「紫金明」，「玄體」是玄奇的生成體，「紫金」就是紫金丹，真人金丹，「紫金明」真人金丹放光明。此時的「玄體」就是「紫金」丹了。

「脫胎入口身通聖」，「脫胎」，原本的「黑中有白為丹母，雄裡懷雌是聖胎。」黑中有白，白中有胎兒，當成熟之後，滿月的黑中有白沒有了，只剩下胎兒，此時的胎兒變化成「身通聖」，已經不只是胎中的光人，已經演化成真人，「無限龍神盡失驚」，這個脫胎入口，也就是剛開始脫胎的真人，跟龍神一樣，經常會失驚。這個現象要不是筆者自己練到，恐怕也很難相信，筆者在這裡公開這個大祕密，也是想到張伯端也有同樣的遭遇，他寫成詩都沒人看得懂，更何況在這個資訊爆炸的時代，筆者只是一介無名小卒，寫出練到這裡的經歷，也只是留一個紀錄，跟張伯端一樣的想法，後代若有人能夠練到此處，自然知道筆者所寫的，句句真實，若非切身經歷，如何能看懂《悟真篇》諸多奧祕呢？

華池讌罷月澄輝，跨箇金龍訪紫微。
從此眾仙相識後，海潮陵谷任遷移。

本段使用夏版，讌同宴。其他版本雷同。
「華池」玄關竅，「宴罷」，玄關竅當中烏肝兔髓陰陽交替完成，「月澄輝」出現滿月，黑中有白，準備要產出胎兒的大滿月，不是兔髓的小圓月。

「金龍」金為兔髓，龍為烏肝，「跨個金龍」同樣指完成烏肝兔髓陰陽交替過程，「訪紫微」，金丹是紫金丹，紫微是天上眾星之樞紐，在此為金丹之意。

　　「從此眾仙相識後」，出現金丹真人了，而且還不只一個，從前面的「三台」知道，張伯端至少練到九個真人的曼荼羅了。

　　「海潮陵谷任遷移」，「海潮」為陰，「陵谷」為陽，陰陽出入自在，練到這裡可以自由出入虛空玄關定，也能自由行陽，整個人處在純陽狀態，也能隨時入陰入定，故稱「任遷移」。

　　夏版：
　　要知鍊養還丹法，宜向家園下種栽。
　　不假吹噓並著力，自然果熟脫真胎。

　　翁版：
　　要知鍊養還丹法，自向家園下種栽。
　　不假吹噓并著力，自然果熟脫真胎。

　　陳版：
　　要知金液還丹法，須向家園下種栽。
　　不假吹噓并著力，自然果熟脫真胎。

劉版：

要知金液還丹法，須向家園下種栽。

不假吹噓並著力，自然丹熟脫真胎。

從以上四版本比較「鍊養還丹法」和「金液還丹法」，可以看出較晚的陳版有修改內容的可能，因此本書依舊採取夏版。

「要知鍊養還丹法，宜向家園下種栽。」要知道鍊養還丹的方法，宜向家園，就是自身，來下功夫，神火加腎氣下手，經過真意淨土，轉換為金木烏兔小藥，陰陽反覆，產出生成體，生成體成就，產生金丹大藥。

「不假吹噓並著力，自然果熟脫真胎。」，吹噓，還是一樣批評練呼吸者，不需要費力去練習呼吸，自然就能像水果一樣自然成熟，脫胎成為真人。

休施巧偽為功力，認取他家不死方。

壺內旋添留命酒，鼎中收取返魂漿。

前一段講「家園」這一段講「他家」，雖然水火土金木都在自身，但是水或是木，也就是氣或烏肝真鉛的來源，是來自身體，身體好，腎氣就強，烏肝也強；身體弱，腎氣就弱，烏肝也弱，這種情況，光是靠自己的身體來練，進步就非常慢。因此《無為丹道》鼓勵修煉者一定要去戶外練，從自發功下手，與周圍大自然環境產生互動交流，才能得到超過自身的好氣，這樣練才能產生更強的氣或真鉛烏肝，這種

情況就是「認取他家不死方」。

在室內練的氣，特別是坐著練，氣都很弱，儘管使用一堆祕法，氣的強度還是比不上去戶外大自然與環境交流產生的氣，因此「休施巧偽為功力」，不要用那些取巧的祕法，直接「認取他家不死方」，出門去練吧。

「壺內旋添留命酒，鼎中收取返魂漿。」有了比自身更強的氣當作來源，就能在玄關添加更多的真鉛烏肝，就像是增加了「留命酒」或「返魂漿」，烏肝為命功，故稱「留命酒」；烏肝為魂，故稱「返魂漿」，「壺內」、「鼎中」都是產生烏肝的玄關竅。

不要在室內搞那些小祕法，出門去交流大自然好氣，這樣玄關竅內的烏肝就能有更強的來源，後續的進步才能產生。

雪山一味好醍醐，傾入東陽造化爐。
若遇昆崙西北去，張騫始得見麻姑。

「雪山」雪是白色的，白色是金，兔髓的顏色，故「雪山一味好醍醐」就是指兔髓。「傾入東陽造化爐」倒進去東陽，東方木，東陽就是屬陽的烏肝，造化爐是玄關，倒入屬陽東方木烏肝的造化爐，講的還是烏肝兔髓陰陽交替的作用，「雪山一味好醍醐」的兔髓，倒入到原本屬於烏肝的玄關。

「若遇昆崙西北去」西北屬陽，「張騫始得見麻姑」，張騫通西域，原本是東方男，往西方去，「麻姑」是女神仙，

東方男往西方去，遇見女神仙。

「要知產藥川源處，只在西南是本鄉。」本來產藥的地方是西南，陽極生陰，陰極生陽之後，尚未達到純陽狀態，西南就是產藥的源頭。但是現在不是遇到西南，而是遇到西北，烏肝兔髓陰陽交替，陰極生陽已經達到純陽，故「若遇崑崙西北去」，原本往西方陰之所在的張騫，才能見到女神仙麻姑，同時含有陰陽交替完成的意思。

　　不識陽精及主賓，知他那箇是疏親。
　　房中空閉尾閭穴，誤殺閻浮多少人。

不知道什麼是陽精，也不知道什麼是主賓的人，不知道什麼是比較疏遠的、什麼是比較親近的，只知道用房中術的方法，封閉尾閭穴，想要藉此行搬運之法，這種搬運尾閭氣機之法，不知道誤殺了多少人。

搬運之法搬運的就是身上的氣感，這個在前面說過，氣感屬於四大，一身全部是陰，所以不是陽精，而是陰精，搬運法喜歡把氣感稱為陽精，或者陽氣、真氣，但是就張伯端來看，甚至陳摶也是一樣的說法，氣感就是陰，搬運尾閭至脊椎這種方法，就是搬運陰精，但是這些人卻將陰精稱為陽精，就是這樣的名詞代換，不知道誤殺了多少人。

「主賓」在前面討論過，「自知顛倒由離坎，誰識浮沉定主賓。」意識的浮沉決定了主賓，「用將須分左右軍，饒他為主我為賓。」左右軍，也就是烏肝兔髓為主，我為賓。因此這裡講的我，就是自我意識，後天識神。自我意識在剛

開始下手之時，自我意識最強，這時候意識是浮著，等於是武火狀態，我為主。練到了烏肝之後，意識比較沉了一些，後天自我意識退了一些，等於是文火狀態，自我感還是存續，但是已經沒有那麼強烈。到了兔髓的陰狀態，自我意識已經完全沒有了，已經完全是賓位了。

但是搬運法，不管是房中術，還是純粹的氣機任督搬運之法，都不講意識之浮沉，對於「主賓」完全不懂，據說還有不少人練這種出自房中術的氣機搬運法，經常有年輕男性抱怨練到漏精，苦不堪言，可惜張伯端在千年前就說過了，依舊無法改變這種情況。

但是也不能怪這些人，因為張伯端所講的烏肝兔髓，四象五行完全之還丹練法，連他自己的徒孫翁葆光都不甚清楚，這一點從翁葆光的註解就可以看得出來，而筆者在寫本書註解之時，參考各家註解說法，也經常覺得很遺憾，有許多真意，各家註解卻無人看出端倪，當然這和修煉的深度有關，畢竟連直系傳承的徒孫註解都難以解出真意，更何況一般人呢？

夏版：
萬物芸芸各返根，歸根復命即常存。
知常妙道人難會，妄作招凶往往聞。

翁版：
萬物芸芸各反根，反根復命即長存。
知常反本人難會，妄作招凶往往聞。

陳版：

萬物芸芸各返根，返根復命即長存。

知常返本人難會，妄作招凶眾所聞。

劉版：

萬物芸芸各返根，返根復命即長存。

知常返本人難會，妄作招凶往往聞。

雖然各個版本略有差異，夏版「歸根復命即常存」，陳版「返根復命即長存」，「常存」和「長存」似乎差異較大，呼應下句的「知常」，故「常存」似乎較為妥適，本書依舊採取夏版。

《帛書老子》：「至虛極也，守情（靜）表也。萬物旁（並）作，吾以觀其復也。天物云云，各復歸於其【根，曰靜。】情（靜），是胃（謂）覆命。覆命，常也。知常，明也。不知常，（妄），（妄）作兇。知常容，容乃公，公乃王，王乃天，天乃道，【道乃久，】沕（沒）身不怠。」

《道德經》現代版：「致虛極，守靜篤。萬物並作，吾以觀復。夫物芸芸，各復歸其根。歸根曰靜，是謂復命。復命曰常，知常曰明。不知常，妄作凶。知常容，容乃公，公乃王，王乃天，天乃道，道乃久，沒身不殆。」

此段應是來自老子道德經,「萬物」、「芸芸」、「歸根」、「知常」、「凶」都來自這段,因此採用夏版,當中包含「歸根復命」亦較陳版「返根復命」合理。

　　「萬物芸芸各返根」,萬物芸芸各自陰陽反覆之後,回歸自己的根本,「歸根復命即常存」,回歸自己的根本,就是命之返復,這就是自然的常態,符合陰陽,歸根覆命就是符合自然的規律常態。

　　「知常妙道人難會,妄作招凶往往聞」,人很難體會什麼是自然的規律常態,往往聽說大部分的經常以妄心自作主張,招凶,凶為逆天之行,以妄心後天意識作主,不觀天道,不順應天道之運行,為凶。


夏版:
歐冶親傳鑄劍方,耶溪(莫邪)金水配柔剛。
鍊成便會知人意,萬里誅凶一電光。


翁版:
歐冶親傳鑄劍方,耶溪金水配柔剛。
鍊成便會知人意,萬里誅凶一電光。


陳版:
歐冷親傳鑄劍方,莫耶金水配柔剛。
煉成便會知人意,萬里追凶一電光。

劉版：

　　歐冶親傳鑄劍方，莫邪金水配柔剛。

　　煉成便會知人意，萬里誅妖一電光。

　　《呂氏春秋・贊能》：「得十良劍，不若得一歐冶。」歐冶是春秋時代著名的鑄劍工，陳版「歐冷」可能是誤植。莫邪為歐冶之女，其他三個版本應是誤植。耶溪是西施浣紗之處，和歐冶放在一起有點牽強，而陳版「莫耶」就說不通了，誤植可能性很高。

　　第一句講「歐冶親傳鑄劍方」，既然莫邪是歐冶之女，歐冶親傳給莫邪自然是比較合理，因此本書此句採用劉版。而劉版寫「萬里誅妖一電光」，張伯端從未用過「妖」一詞，但是卻多次提到「凶」，而且夏版翁版皆為「誅凶」，因此本書此句採用夏版。

　　劉版採用「妖」，與之前三個版本不同，很有可能是基於呂純陽的〈鼎器歌〉：「萬里驅妖如掣電」，故雖然張伯端為從用過「妖」，劉一明使用「妖」字，也自有其道理。

　　歐冶為男，代表陽，「親傳」帶出下句的女兒莫邪，「鑄劍方」應是前面提到的「不死方」，「認取他家不死方」，所以這個不死方來自於「他家」，也就是真鉛烏肝，真鉛烏肝屬陽，搭配「莫邪金水配柔剛」，屬陰，莫邪為歐冶之女，上句歐冶鑄劍方代表「他家不死方」烏肝，下句自然代表兔髓。

　　「煉成便會知人意，萬里誅凶一電光。」烏肝兔髓煉成，變成金丹真人了，故說「知人意」，因為本段寓意於

「鑄劍」，故加上「萬里誅凶」比喻無數次的陰陽反覆終於達成目的，靠的是「一電光」，更明白地講清楚煉丹過程，不管是烏肝、兔髓還是金丹，都是光。

夏版：
　敲竹喚龜吞玉芝，鼓琴招鳳飲刀圭。
　近來透體金光現，不與常人話此機。

翁版：
　敲竹喚龜吞玉芝，鼓琴招鳳飲刀圭。
　近來透體金光別，不許常人話此規。

陳版：
　敲竹喚龜吞玉芝，鼓琴招鳳飲刀圭。
　近來透體金光現，不與常人話此規。

　個版差異不大，採取較早夏版，雖然「圭」和「機」不押韻，但是以台語發音卻是押韻的，故還是採取夏版。
　《神農本草經》：「白芝味辛平。主治咳逆上氣，益肺氣，通利口鼻，強志意勇悍，安魄。久食輕身不老，延年神仙。一名玉芝。生山谷。」晉朝葛洪《抱朴子・金丹》：「服之三刀圭，三尸九蟲皆即消壞，百病皆愈也。」玉芝安魄，應是代表兔髓。刀圭是中藥的測量單位，也可引申為中藥，既然玉芝代表兔髓，刀圭可能代表烏肝。四神獸為青龍、白虎、朱雀、玄武。玄武相傳是蛇或龜，也有考古資料為麒

麟，而朱雀則為鳳。因龜代表北方水，鳳代表南方火，「敲竹喚龜」和「鼓琴招鳳」代表修煉水火，「吞玉芝」、「飲刀圭」代表金木烏肝兔髓。整句的意思是：修煉水火以獲得金木烏肝兔髓小藥。

「近來透體金光現，不與常人話此機。」從烏肝就開始有光出現，兔髓也是光，烏肝兔髓陰陽交替完成產生的金丹也是光，張伯端這段講得太清楚了。「透體金光現」，都是光啊，沒練到的人，跟他講這個，可能會被當成瘋子，因此只好「不與常人話此機」，沒練到的人不能理解這種狀態，沒辦法溝通的。


夏版：
藥逢氣類方成象，道即希夷合自然。
一粒靈丹吞入腹，始知我命不由天。


翁版：
藥逢炁類方成象，道合希夷即自然。
一粒金丹吞入腹，始知我命不由天。


陳劉版：
藥逢氣類方成象，道在希夷合自然。
一粒靈丹吞入腹，始知我命不由天。


《道德經》：「視之不見，名曰夷；聽之不聞，名曰希；搏之不得，名曰微。此三者不可致詰，故混而為一。其上不

第四章　七言絕句六十四首

153

皦，其下不昧。繩繩不可名，復歸於無物。是謂無狀之狀，無物之象，是謂惚恍。」

《帛書老子》：「視之而弗見，名之曰微，聽之而弗聞，名之曰希，捪之而弗得，名之曰夷，三者不可至計，故混而為一。一者，其上不攸，其下不忽，尋尋呵，不可名也，復歸於無物。是謂無狀之狀，無物之象，是謂忽望。」

故知「希夷」出自老子《道德經》，意為恍惚，屬陰。而「藥逢氣類方成象」藥有分為小藥大藥，小藥烏肝兔髓，大藥金丹，皆有成象。「藥逢氣類」，同類相求、同氣相求，藥就是氣、氣就是藥，藥的來源是氣，氣演化為小藥大藥，屬陽。「藥逢氣類方成象」屬陽，「道即希夷合自然」屬陰，陰陽交替，轉為大藥金丹。在陽的階段，藥遇到氣產生光象；在陰的階段，道的自然運行方式就是恍惚。「一粒靈丹吞入腹，始知我命不由天。」陰陽交替，金丹成就之後，才知道我命不由天。

夏版：
赫赤金丹一日成，古仙留語信堪聽。
若言九載三年者，盡是推延款日程。

翁版：
赫赤金丹一日成，古仙垂語實堪聽。
若言九載三年者，盡是推延款日程。

陳版：

赫赫金丹一日成，古仙垂語實堪聽。

若言九載三年者，盡是推延款日程。


劉版：

赫赫金丹一日成，古仙垂語實堪聽。

若言九載三年者，盡是遷延款日辰。


　　夏版、翁版皆「赫赤」，陳版劉版皆「赫赫」，本書採用較早夏版、翁版「赫赤」，赫赤包含赤光之意，較符合金丹真實成象。夏版「留語信堪聽」，其他三版「垂語實堪聽」意義相近。

　　「赫赤金丹一日成」至陽赤紅金丹一天就可以練成，「古仙留語信堪聽」古代仙人留下來的話可信堪聽，「若言九載三年者，盡是推延款日程」如果說九年、三年的，都是推託日程的說法。

　　金丹修煉大部分都卡在水火，進階者卡在烏肝兔髓的產生，要是真的練到純陽狀態，金丹的產生確實非常快。所以煉金丹的時間不是花在金丹，而是花在前置作業，前置作業完成，進入到金丹凝結階段，進程是非常快的。如果有人說他好幾年都有金丹，金丹一直在練，我們就知道應該又是一個把烏肝當成金丹的人了，因為只有烏肝才會一直好幾年停留在同樣的狀態。

第四章　七言絕句六十四首

陳版：

大藥修之有易難，也知由我亦由天。
若非積行修陰德，動有群魔作障緣。

夏版：

大藥修之有易難，也知由命也由天。
若非積行施陰德，動有草魔作障綠。

翁版：

大藥修之有易難，也知由我也由天。
若非積行施陰德，動有群魔作障綠。

劉版：

大藥修之有易難，也知由我亦由天。
若非修行積陰德，動有群魔作障緣。

　　夏版翁版「障綠」應是「障緣」誤植。夏版「草魔」應為誤植。本書此段採陳版。

　　修煉大藥有容易也有困難，要看人的天分，也要看人的德行、天命，如果沒有積累好的德行、修陰德，動不動就有各種障礙產生干擾修行人。因此天助自助者，修煉者不宜閉關自守，也不宜以高額學費詐騙其他初學者，應在能力範圍內，盡力幫助他人，累積陰德。

夏版：

三才相盜食其時，道德陰符顯聖機。

萬化既安諸慮息，百骸俱理證無爲。


翁版：

三才相盜食其食，道得神仙隱此機。

萬化既安諸慮息，百骸俱理證無爲。


陳版：

三才相盜及其時，道德神仙隱此機。

萬化既安諸慮息，百骸俱理證無爲。


劉版：

三才相盜及其時，道德神仙隱此機。

萬化既安諸慮息，百骸俱理證無爲。


翁版「道得」應爲誤植，夏版「道德陰符顯聖機」較合理，因爲本段的名詞很明顯皆由《陰符經》出來，其他三版「道德神仙隱此機」沒有夏版合理。翁版「其食」應爲誤植。本書採夏版較爲合理。


《陰符經》：「天地萬物之盜；萬物人之盜；人萬物之盜也。三盜既宜，三才既安。故曰：食其時，百骸理；動其機，萬化安。」

《道德經》：「人法地，地法天，天法道，道法自然。」

　　本段由《陰符經》而來是非常明顯的，《道德經》也有提到三才，故曰「道德陰符顯聖機」，天地人三才能量資源順利傳遞，盜在此非為負面詞，而為能量資源之傳遞，「食其食」在《陰符經》之本意為按照天時來吃食，身體百骸才會得到調理，在這裡張伯端將「食」引申為「修煉」，修煉時盜天地之機，如同食一般，也要「食其時」，依照天地的陰陽法則。

　　當依照天地之時，食其時，道法自然，萬物安，在這裡引申為修煉狀態中，「萬化既安諸慮息」，各種思慮自然止息，雜念不再叢生。「百骸俱理證無為」身體百骸也都得到調理，以此實證自然無為之力，不需後天妄作，只需懂得觀天道，順應天時，即可體會到自然無為萬化安的力量。

　　陰符寶字逾三百，道德靈文滿五千。
　　今古上仙無限數，盡於此處達真詮。

　　《陰符經》超過三百字，《道德經》滿五千字，從古至今無數上仙，都在此處達到真理。《陰符經》和《道德經》強調道法自然，確立了修煉的真理。世間有各式各樣的宗教思想，但是張伯端在這邊明確的表達了道法自然的修煉思想，才是修煉成仙的真銓。

夏版：

　饒君聰慧過顏閔，不遇眞人莫強猜。

　只爲丹經無口訣，教君何處結靈胎。

翁版：

　饒君聰慧過顏閔，不遇至人莫強猜。

　只爲丹經無口訣，教君何處結靈胎。

陳版：

　饒君聰慧過顏閔，不遇明師莫強猜。

　只爲金丹無口訣，教君何處結靈胎。

劉版：

　饒君聰慧過顏閔，不遇眞師莫強猜。

　只爲金丹無口訣，教君何處結靈胎。


　各個版本大同小異，有意思的是竟然都在同一個地方產生分歧，可見得這已經不是傳抄時所產生的誤植問題，有可能是個人因為不同意見而有不同的修改了。

　夏版「真人」；翁版「至人」；陳版「明師」；劉版「真師」，筆者看法依舊傾向夏版，因為只有練到「真人」階段的人，才有能力真正分辨路線的真假，而練到真人階段的人，未必有意願教人，因此筆者也懷疑改為「明師」、「真師」的說法，略有推銷之嫌。

　「饒君聰慧過顏閔」，就算你再怎麼聰慧過人，「不遇真

人莫強猜」沒有遇到練到真人階段的人，你就不要亂猜。「只為丹經無口訣」只因為丹經不是簡單幾句口訣就可以講清楚的，「教君何處結靈胎」，不是簡單幾句話就能講清楚，教你在哪裡結靈胎金丹。

所以老馬識途，要煉金丹，還需找過來人。但是一個初學者，面對這麼多人自稱「真師」，又如何有這個能力分辨誰是煉到金丹的過來人呢？也因為如此，張伯端的《悟真篇》才蒙塵這麼久，導致後天意識導引的搬運法雄霸天下，真令人不勝唏噓。


夏版：
了了根源方寸機，三千功滿與天齊。
自然有鼎烹龍虎，何必擔家戀子妻。


翁版：
了了猿心方寸機，三千功滿與天齊。
自然有鼎烹龍虎，何必擔家戀子妻。


陳版：
了了心猿方寸機，三千功行與天齊。
自然有鼎烹龍虎，何必擔家戀子妻。


劉版與陳版同，省略。

本段很有意思的，也是在相同的地方產生分歧，夏版「根源」，翁版「猿心」，陳版「心猿」，筆者依舊認為夏版「根源」較為合理，因為「方寸機」指的就是方寸玄關之地的運轉機制，玄關就是根源，這比「猿心」或者「心猿」合理多了。

　　「了了根源方寸機」，根源就是玄關竅，方寸也是玄關竅，根源是講性質，方寸是講大小，丹道的根源就是玄關竅，一切修煉都在此，由此開始才真正進入丹道修行之門。方寸機是指玄關竅運作的機制，對於方寸大小的玄關竅，能夠了了分明其中的運作機制。

　　「三千功滿與天齊」三千的代表是什麼，有的註解說很多，有的註解說三千多日，這邊筆者的想法傾向許多之意，練了這麼久，終於功成圓滿，練成金丹真人，與天齊。

　　「自然有鼎烹龍虎，何必擔家戀子妻。」自然有鼎，鼎就是玄關竅，烹就是煉，龍虎就是烏肝兔髓，自然有玄關可修煉烏肝兔髓，又何必擔心家裡、迷戀妻子兒女呢？

　　這最後一句有點爭議性，因為張伯端既然說可以在家練，不需要去深山練，「須知大隱居鄽市，何必深山守靜孤」，又說「何必擔家戀子妻」，似乎有點矛盾，不過仔細一看，他說的是不要「擔心」和「迷戀」，並非不負責任，該做的還是要做，只是兒孫自有兒孫福，百年一到，該放下的還是要放下，迷戀擔心又有何用呢？

　　　未煉還丹須急煉，煉了須還知止足。
　　　若也持盈未已心，未免一朝遭殆辱。

各版文字差異不大，直接採取夏版。

還沒練還丹的要急練，練了之後還需要止足，若抱著還不夠還要繼續，未免有一天會遭遇失敗的命運。

是什麼事情要「止足」呢？這又講到了「火候」的使用，在水火階段，還沒練還丹，還丹是從烏肝兔髓開始算起，還沒進入這個階段，還在水火階段的時候，「須急鍊」，什麼是「急鍊」呢？急鍊（煉、練）就是用大火、武火下去烹練，水火階段的火是大火，否則此時的火跟汞一樣，到處流動，容易起雜念，因此需要「急鍊」，因此急鍊就是大火煉。

鍊了之後，產生烏肝了，就需要「止足」，開始要放掉一些神火，進入文火狀態，到了兔髓，就需要整個止火，只剩下溫養，也就是用之前的火的餘溫下去保溫就夠了，不需要用火了，所以稱為溫養，就是保溫的意思。

如果練到進入烏肝兔髓階段，一直抱著想要把氣練得更滿的想法，覺得還不夠、要更多，如果有這樣的想法，就已經違反了「真土」的條件了。真土的條件就是無後天私慾，而這種「持盈未已心」，會導致後天私慾不斷地加強，一直想要加強更強的氣感，或者想要聚集更多的氣，這種想法，就會導致烏肝兔髓難以出現，該停就要停，陰陽交替時間到了就要順其自然，不可以一直卡在陽的狀態，想要更多的氣感，這樣是會導致「未免一朝遭殆辱」。

這段主要是講給初學者聽的，當然現在有許多練氣的方法，也一直灌輸給修煉者說要聚氣，要把氣練強，這都是違反丹道修煉的原理，照著這樣的心態，可能練一輩子，都很

難產生烏肝，更別說兔髓和金丹了。

　　須知死戶爲生戶，莫執生門作死門。
　　若會殺機明反覆，始知害裡卻生恩。

　　本段以夏版爲主，其他版本雖略有差異，但是意義相差不大。

　　《陰符經》：「天發殺機，斗轉星移；地發殺機，龍蛇起陸；人發殺機，天地反覆；天人合發，萬化定基。」「死者生之根，生者死之根。恩生於害，害於恩。」

　　「須知死戶為生戶，莫執生門作死門。」這兩句來自於「死者生之根，生者死之根」，闡明陰陽交替之理：陽極生陰，陰極生陽，陽為陰之根，陰為陽之根。產生了陽之後，發展到了極限，就產生了陰，所以陽當中藏有陰的根本；產生了陰之後，發展到了極限，就產生了陽，所以陰當中藏有陽的根本。

　　「若會殺機明反覆」，殺機為氣機的發動，天地人各自發動氣機，將引發各種反應，如果知道「殺機」、知道天地人何時發動殺機與明白殺機的趨勢，才能知道《陰符經》表面上講的「害」裡面卻能產生「恩」，害為損害，恩為給予，同樣是講大自然損害與給予之間的能量轉換與傳遞，與「盜」、「賊」同理。知道了天地人的各種能量的發動、轉換、傳遞，明白了這之間反覆發生的道理，就能知道損害當

第
四
章

七
言
絕
句
六
十
四
首

中，隱藏給予的生機。

在丹道裡面，除了陰陽交替的修煉歷程之外，還有各種功態的轉換，一種功態的消失，代表著另外一個功態即將產生。當然還要明白其中的機制，例如水火的轉換包含了真土的清淨，才能轉換成金木，水火的消失，包含著金木的產生，但是若不能明白其中轉換的契機，則水火難以轉換成金木，金丹將難以煉成。

禍福由來互倚伏，還如影響相隨逐。
會能轉此生殺機，反掌之間災變福。

夏版「返掌」，他版「反掌」，相差不大，「反掌」較為合理，因應「易如反掌」之意。

一直以來，禍福都是互相倚伏，禍中有福，福中有禍，禍福相依，如同影子隨形，響聲隨發聲者，有聲就有響。學會轉變這個，產生殺機，殺機就是啟動力量的機制，災難變成福，也是易如反掌。修煉丹道就如同禍福相依之中，若能掌握契機，則能將邁向死亡的災禍，轉變成長生的福氣。古代曾有一位修行者，在牆上大大地寫上死字，提醒自己為求生，先知死，時刻不忘死亡之將至，把握時間修行。有許多非常真心的修行者，都是在生命當中，體會到生死之禍，對人生產生疑惑，看透人生福禍相依之無常，轉而致力於解脫究竟之道。

修行混俗及和光，圓則圓兮方即方。
顯晦逆從皆莫測，教人爭得見行藏。

《道德經》：「和其光，同其塵。」

　　這段說明了張伯端的價值觀，和其他歷代大師極為不同。修行者混在世俗之中，和光同塵，該圓的時候圓，該方的時候方，或是明顯，或是隱晦，或是逆反，或是順從，都讓人無從猜測，這樣讓其他人怎麼看得見他的行藏呢？

　　張伯端身處紅塵之中，看似平凡人，卻已修煉至高境界之金丹真人，他若不說，身邊之人也無從知曉，不像某些大師立大山頭，套用傳承，獲取廣大信眾供養，實則修煉功力有多少？到底花了多少時間在實際的修行上？金丹的傳承如此隱晦，甚至被誤會，在於修行者到底有多少人是真心在修行的？還是放不下世俗的利益？假借修行，行自我慾念之擴張？

# 第五章　五言四韻一首　西江月十二首

女子著青衣，郎君披素練。
見之不可用，用之不可見。
恍惚里相逢，杳冥中有變。
一霎火焰飛，眞人自出現。

女子為陰，代表水，青衣代表青龍，烏肝；郎君為陽，素練代表白虎，兔髓。表面上是烏肝為陽，事實上裡面的來源卻是陰水；表面上兔髓為陰，裡面來源卻是陽火。

烏肝為陽可見，卻不可產出金丹，兔髓為陰不可見，在陰的狀態下，感官意識都已經停止運作，但是陰極卻可生陽，陽生乃金丹演化之關鍵。

烏肝之陽入兔髓之陰，「恍惚里相逢」，陰極生陽之際，「杳冥中有變」，產生如火焰一樣的紅光，在火焰之中，「真人自出現」，這一切都發生在陽生的一霎那之間。

張伯端這段話，已經把真人出現的內景，說到讓練到這裡的人，毫無懸念，完全認知，有練到的，一眼就看懂，沒練到的，怎麼看都看不懂。

沒練到的人，要怎麼鑑別其他大師的真人是真是假，就是靠這段：第一，他的真人有沒有經過烏肝兔髓的演化；第二，他的真人是否產生在陽生霎那；第三，他是否知道陽極生陰，陰極生陽的修煉過程。如果這三點都是否定，你大概可以判斷這位大師所謂的真人，就是很單純的欲界幻境而

已。

　　以筆者所看過的資料，幾乎沒有看到一個大師的出陽神是真人，幾乎沒有一個例外，都是欲界幻境，這真是非常地遺憾，修煉的路途如此令人迷惑，大師竟然卡在幻境中，不知不覺者，大有所在，故勸告讀者，勿追隨大師，靜下心來，觀察天地人陰陽交替，觀察自身的陰陽，不要再被虛假的神奇經驗所迷惑，真正的根本還是在自己身上。

　夏版：
　內藥還如外藥，內通外亦須通。
　丹頭利害略相同，溫養兩般作用。
　內有天然真火，鼎中赫赫長紅。
　外爐增減要勤功，妙絕莫過真種。

　翁版：
　內藥還如外藥，內通外亦須通。
　丹頭和合略同，溫養兩般作用。
　內有天然真火，鼎中赫赫長紅。
　外爐增減要勤功，妙絕莫過真種。

　陳版：
　內藥還同外藥，內通外亦須通。
　丹頭和合類相同，溫養兩般作用。
　內有天然真火，爐中赫赫長紅。
　外爐增減要勤功，妙絕無過真種。

劉版陳版同，故略。

夏版翁版皆「還如外藥」，陳版「還同外藥」。夏版翁版皆「略相同」或「略同」，陳版「類同」。夏版「利害」，翁版陳版「和合」。夏版翁版「鼎中」，陳版「爐中」，各版差異不小，故列出各版比較。

張伯端所說二物，指的就是烏肝兔髓小藥，故小藥只有兩種，這兩種在這裡又分為內外，外為陽，烏肝小藥，內為陰，兔髓小藥，不管是哪個小藥，都相同，都要練到通透才能陰陽轉換，故稱「內藥還如外藥，內通外亦須通」。

「丹頭利害略相同，溫養兩般作用」丹頭指的是烏肝兔髓小藥，還不成熟的丹，稱為丹頭，這兩種需要的比重相同，二八十六兩一斤重，都需要足斤足兩練到通透才能行陰陽轉化，但是在溫養的比重上卻是兩種不同的情況。烏肝屬陽，從水經歷與火的和合、土的淨化，轉化成烏肝，火候雖已經變淡，成為文火，但是仍未止火，仍有小火，雖已逐漸進入溫養狀態，但是仍有小火，只是不可再進火。而兔髓屬陰，此時已經止火，小火停了，進入純溫養狀態，只用之前的餘溫在保溫，所以稱為溫養狀態，因此烏肝兔髓兩種狀態的「溫養」是不同的，烏肝不可再進火，兔髓則完全止火。

「內有天然真火，鼎中赫赫長紅」內藥是兔髓小藥，兔髓小藥剛開始是西江月，白虎，也就是類似圓月之白光，這裡內藥卻成了「鼎中赫赫長紅」，很多註解家就誤以為內藥就是烏肝小藥，所以才發出紅光，因此整個就誤解了，只好把外藥當成金丹，整個就完全講不通了。

其實這裡隱藏了一個超級大祕密，還是同樣一句話，若非練到的人，是聽不懂的。烏兔小藥，特別是兔髓小藥的變化很大，從剛開始的恍惚昏沉什麼都沒有，到金壯之時狀如滿月，到出現金丹真人過後，兔髓就不是白光了，變成紅光了，就是上一段「一霎火焰飛，真人自出現」裡面的火焰紅光，關於這一點，除了筆者自己親身體驗，和從《悟真篇》經典得知張伯端有類似經驗之外，尚未找到其他類似的描述出現。而此時兔髓的「天然真火」並非初期之神火狀態，而是已經轉變成元神狀態的神火了，只剩下純然的覺照，而沒有後天識神參雜其間了，因此稱為「天然真火」。

「外爐增減要勤功，妙絕莫過真種」外爐就是烏肝所在的玄關，此時的狀態幾乎是很快就跳過水火階段，等於一練功就直接烏肝，因此整個修煉的起點變成烏肝，跟之前修煉的起點是水火，已經不同了，此時修煉者的狀態已經是所謂的「移爐換鼎」狀態了，之前的爐火來自於水火，主要的鼎是金木陰陽交替的烹煮，而此時的爐火變成烏肝的木，兔髓已經變成內鼎，作為產出金丹真人的背景，所以最後一句才說「妙絕莫過真種」，真種指的是太乙真人，也就是金丹真人，為什麼被稱為真種子？這也是一個只有練到才知道的奧祕，講出來都令人不可思議，筆者實在不太想講，但還是同樣的理由，不管講不講，宗教騙子也不會因此少一個，只好講了，太乙真人就是最初的金丹真人，這個最初的真人就像種子一樣，在正中間，繼續練下去，旁邊還會長出八個，所以中間這個跟種子一樣，稱為真種子。

筆者已經把張伯端的真意都給洩漏了，張伯端隱藏千年

的奧義，就是等著有一個跟他一樣練到金丹真人的人來看破，知道他到底練到哪裡了，筆者知道是知道了，但是筆者也陷入跟張伯端一樣的情境，太難讓別人知道是怎麼回事了。

夏版：
此道至神至聖，憂君分薄難消。
調和鈆汞不終朝，早睹玄珠形兆。
志士若能修鍊，何妨在市居朝。
工夫容易藥非遙，說著人須失笑。

翁版：
此藥至神至聖，憂君分薄難消。
調和鉛汞不終朝，早睹玄珠成兆。
至士若能修鍊，何妨在市居朝。
工夫容易藥非遙，說著人皆失笑。

陳版：
此道至神至聖，憂君分薄難消。
調和鉛汞不終朝，早睹玄珠形兆。
志士若能修煉，何妨在市居朝。
工夫容易藥非遙，說破人須失笑。

陳版劉版同，略劉版。

夏版「鈆」為陳版「鉛」之異體字。夏版「玄珠形兆」包含的內容較陳版「玄珠成兆」多且合理，形兆還包含形體，並非只有預兆之意。夏版「說著」陳版「說破」差異不大。

　　「此道至神至聖，憂君分薄難消」這條道路至神至聖，擔心你福分太薄無法承受，這邊講的無福承受，只是客氣，真正的意思是你沒有那個程度或者深度可以理解這條道路。筆者遇到許多練氣之人，喜好使用丹道名相於各種氣功型態，但是告知以丹道真相，就如同張伯端所說，大部分之人無法接受，甚至有許多人認定氣才是一切，只有氣才是修煉的全部，像這樣的人，恐怕在張伯端時代，也是占大部分，有深度和程度能夠理解這條至道之人，非常少數。

　　「調和鈆汞不終朝，早睹玄珠形兆」調和鉛汞，早上還沒過完，早就親眼目睹玄珠形兆。練一趟陰陽完整交替，只要一個時辰，一個時辰也就是兩小時，所以說「不終朝」，朝就是早上，終就是結束，早上還沒結束，玄珠的形兆就出現了。

　　「志士若能修鍊，何妨在市居朝」有志之士若能修煉，在市區住又何妨，不一定非要去山裡面住，還是可以照樣過著平常人的生活，不一定非要出家，能不能修行跟住在哪裡差異不大，跟有沒有練對關係比較大。

　　「工夫容易藥非遙，說著人須失笑」煉藥的功夫不難達成，說給人聽，別人要失笑，覺得怎麼可能那麼容易，這段話是呼應《道德經》的「下士聞道，大笑之。不笑不足以為道。」程度差深度低的人，喜歡追求祕法神通，聽到金丹大

道只覺得淺薄好笑，根本不放在眼裡。各位讀者不要覺得不可能，筆者自身經驗在網路上遇到無數用丹道術語練氣功之人，幾乎都是如此，少有例外，特別是練越久的人，越難溝通，甚至產生強烈的敵意都是經常可見的。

夏版：
白虎首經至寶，華池神水眞金。
故知上善利源深，不比尋常藥品。
要假修成九轉，先須鍊己持心。
依時採取定浮沉，進火仍防危甚。

翁版：
白虎首經至寶，華池神水眞金。
故知上善利源深，不比尋常藥品。
若要修成九轉，先須鍊己持心。
依時採取鍊浮沉，進火隄防危甚。

陳版：
白虎首經至寶，華池神水眞金。
故知上善利源深，不比尋常藥品。
若要修成九轉，先須煉己持心。
依時採取定浮沉，進火雖防危甚。

劉版：

　白虎首經至寶，華池神水眞金。

　故知上善利源深，不比尋常藥品。

　若要修成九轉，先須煉己持心。

　依時採去定浮沉，進火須防危甚。


　《帛書老子》：「上善如水，水利萬物而『有靜』。居眾人之所惡，故幾於道矣。」

　現代版《道德經》：「上善若水。水善利萬物而『不爭』，處眾人之所惡，故幾於道。」


　「上善利」出自《老子》，但是《老子》的版本卻有重大差異，《帛書老子》為較原始版本，意思完全和現代《道德經》不同，原本為水流通利益萬物之後，才能「有靜」，上游的水激烈，下游的水利益萬物之後，才開始平順有靜，這和現代版《道德經》強調「不爭」有很神奇的重大差異，不管是不是有政治上的目的，想要將人民教化成良民順民，以致於「不爭」，且不管這個部分，「水利萬物」卻是共通的部分。

　「白虎首經至寶，華池神水真金」同樣講烏肝兔髓兩物小藥，白虎首經就是兔髓是至寶，華池神水就是烏肝是真金，同樣都是非常地重要。

　「故知上善利源深，不比尋常藥品」所以知道上善如水，水利萬物，這個水的源頭是很深的，這邊用水的源頭比喻烏肝兔髓是金丹的源頭，用上善如水比喻金丹。這個金丹

的源頭，烏肝兔髓小藥的源頭很深，不比尋常藥品，這種小藥是修煉金丹的小藥，不是生病看醫生吃的藥物。

「要假修成九轉，先須鍊己持心」，「假」假借利用，若要用烏兔小藥修成九轉金丹，就要先鍊己持心，鍊己為命功，持心為性功。鍊己，每天要努力花時間修煉，至少一個時辰兩小時練透；持心，練的時候不可讓心帶著各種慾念，否則無法產出真土真意，若有污染的後天慾念，將無法產出小藥。這段是講烏兔小藥雖然是至寶，可練出金丹，但是要練出烏兔小藥，還是有前提的，在水火土的狀態下，還需鍊己持心才可轉化成金木。

故夏版「要假修成九轉」語意上較其他三版合理，其他三版沒有「假」，就無法表示出「使用烏兔小藥煉出金丹之前，必須先鍊己持心」的語意，等於直接用「鍊己持心」就可以煉出九轉金丹，這樣的程序，就有點瑕疵，因為後面所述「依時採取定浮沉，進火仍防危甚」皆屬於水火階段的程序，並非烏兔小藥的程序，烏兔小藥的程序當中，已經沒有「進火」的動作了，也就是進火的動作只存在於烏兔小藥之前的水火階段。因此其他各版省略「假」一字，導致了整個程序上的錯亂，造成在烏兔小藥階段還給人一種進火的錯覺，又或者認為水火可直接煉製九轉金丹的錯覺，事實上水火必須經過鍛鍊，方可轉化成烏兔小藥，烏兔小藥方可煉成九轉金丹，因此「假」一字之差，差之毫釐，失之千里，整個程序大錯亂。

「依時採取定浮沉，進火仍防危甚」，上述「鍊己持心」講的是水火階段的修煉重點，本句講的也是水火階段的

修煉重點，水火階段同樣也有陰陽交替，也有陽極生陰，陰極生陽的過程，只是此時的陽是氣感階段，尚未有烏肝產生，陰是恍惚昏沉階段，尚未有兔髓產生，因此氣感階段的水火關係，是進火在水上面，也就是注意力用武火的方式放在氣感上面，注意力是比較強力地擺在氣感上面的，這樣是為了增加氣的生發，這樣的一個動作稱為「進火」。而氣感階段為浮，屬陽，恍惚昏沉階段為沉，屬陰，同樣也有陽極生陰，陰極生陽的過程，恍惚昏沉到一個程度之後，同樣會回到陽，所以也同樣有陽生，在這個陽生的時機，必須提起覺知，這個提起覺知，也是進火，這個動作稱為「採取」，採取陽生霎那的生成體，才能慢慢轉移至第一個陽，產生陰陽交替後的進步。所以在這個階段需要進火的，有兩個情況，一個是開始下手之陽，一個是陰極生陽之陽，而開始下手之陽的進火，不可過度，否則違反「陽極生陰」的原則，將無法轉化為陰。而陰極生陽之陽的進火，同樣不可過度，否則會造成生成體無法順利產生，反而因為慾念過重，進入幻境，所以說「進火仍防危甚」。

　　再強調一次「假」字被改過其背後的影響，就是原本必須透過烏肝兔髓才能煉成金丹的程序，被篡改成直接練氣就能煉成金丹的錯誤程序，這一點影響至大，因為這一點正是搬運法的荒謬之處，搬運法認定練氣就可以直接產出金丹，這一點幾乎廣泛地出現在所有以丹道名相練氣的團體之中，因此本書在此再一次重複強調，「不可能直接由氣煉成金丹」，氣必須經過轉換，成為烏肝兔髓，再由烏肝兔髓反覆鍛鍊，才可產出金丹。

夏版：

若要眞鈆留汞，親中不離家臣。

木金間隔會無因，須用媒人勾引。

木性愛金順義，金情戀木慈仁。

相吞相啖卻相親，始覺無中有孕。


翁版：

若要眞鉛留汞，親中不離家臣。

木金間隔會無因，須仗媒人勾引。

木性愛金順義，金情戀木慈仁。

相吞相啖卻相親，始覺無中有孕。


陳版：

若要眞鉛留汞，親中不離家臣。

木金間隔會無因，須仗媒人勾引。

木性愛金順義，金情戀木慈仁。

相吞相啖卻相親，始覺男兒有孕。


夏版「鈆」為「鉛」異體字。


「若要真鈆留汞」這裡前面講真鉛，後面講汞，這裡的汞為了呼應真鉛，應當就是真汞，真鉛就是烏肝，真汞就是兔髓，真鉛會先出現，真汞比較難練出來，所以這裡說「若要真鉛留汞」，指的是真鉛已經出現了，真汞還沒出現，這種情況若要練出真汞來，則「親中不離家臣」，兩者親密之

中也不可離開家臣，家臣就是真土，也就是無慾念的真意。兔髓的出現靠的就是性功，如果沒有真土，清淨之意，兔髓真汞就沒辦法出現，所以這裡講「不離家臣」，真鉛真汞雖然是陰陽交替的主角，可是在沒有真土的情況下，真汞無法產生，自然也就無法與真鉛陰陽交替煉金丹了。

「木金間隔會無因，須用媒人勾引」，這個媒人就是真土，木就是烏肝，金就是兔髓，兩者相隔兩地，沒有姻緣是沒辦法相會的，這個全都要仰仗真土媒人來牽線勾引。

「木性愛金順義，金情戀木慈仁」兩者同類相求，陰陽交替，自然發生作用，故說「愛戀」。

「相吞相啖卻相親，始覺無中有孕。」，「啖」也是吃的意思，「相吞相啖」用法來自於《參同契》：「龍呼於虎，虎吸於精，兩相飲食，具相貪便，遂相銜咽，咀嚼相吞。」龍就是烏肝，烏肝先出現，所以「呼於虎」，呼叫比較晚出現的虎出現，虎就是兔髓，出現之後，兩相飲食，互相交替彼此的能量，陰陽交替。所以這句引用《參同契》的話，烏肝兔髓陰陽交替，彼此的能量交流之後，才開始結金丹，產真人，故稱為「無中有孕」。

夏版翁版皆「無中有孕」，相較陳版「男兒有孕」合理。


二八誰家奼女，九三何處郎君。
自稱木液與金精，遇土卻成三姓。
更假丁公煅鍊，夫妻始結歡情。
河車不敢暫留停，運入昆崙峰頂。

各版差異不大，採夏版。

劉一明：「二為陰火之數，八為陰木之數，故謂奼女。九為陽金之數，三為陽木之數，故謂郎君。」夏元鼎：「二八者，陰數也。奼女者，陰女也。九三者，陽數也。郎君者，陽男也。」故「二八誰家奼女，九三何處郎君」一個為陰，一個為陽，問「誰家」、「何處」表示這是什麼東西的陰陽？所以下一句「自稱木液與金精」，木液是木的來源，為水，也就是腎氣是烏肝的來源；金精是金的來源，為火，也就是神火是兔髓的來源，水跟火遇到了土，成了三家，「遇土卻成三姓」，水火遇到真土，就開始轉化成金木。「更假丁公煅鍊」，丁公是煅鍊的東西，可能是火候，也就是水火土轉換過程中，經由火候反覆鍛鍊，「夫妻始結歡情」，夫妻就是陰陽，陰陽反覆交替之後，才轉化成功，「歡情」就是水火土成功轉化成金木，木液與金精成功轉化成金木烏肝兔髓。

「河車不敢暫留停，運入昆崙峰頂」，河車就是水火既濟之後的氣感運行，崑崙峰頂就是頭，水火運行過程中，氣感都在身體跑，跑到成熟之後，就上移至頭部，開啟玄關竅，開始出現烏肝光。


夏版：
七返朱砂返本，九還金體還真。
休將寅子數坤申，但看五行成準。
本是水銀一味，周流經歷諸辰。
陰陽炁足自通神，出入豈離玄牝。

翁版：

七返朱砂返本，九還金液還眞。

休將寅子數坤申，但看五行成準。

本是水銀一味，周流經歷諸辰。

陰陽炁足自通神，出入豈離玄牝。

陳版：

七返朱砂返本，九還金液還眞。

休將寅子數坤申，但要五行成準。

本是水銀一味，周流遍歷諸辰。

陰陽數足自通神，出入豈離玄牝。

「七返朱砂返本，九還金體還真」，七代表火，所以稱「朱砂」，就是硃砂為紅色，代表火，九代表金，所以稱「金體」，講的是火轉為兔髓金的過程，這個過程比水轉變為烏肝木的過程更難練，而且更容易被誤解。世人練氣容易，鍊神火就難了，許多人除了氣之外，對於神火該如何鍛鍊，一無所知，甚至對神火的存在，不知不覺，神火之初為汞，容易起雜念，經過真意真土加入之後，始可轉換為兔髓金，真汞，這個過程在市面上，幾乎無人知曉。為什麼會如此？因為此法必須捨棄後天識神之作用，而去除後天識神之作用，等於是去除所有祕法技法之巧，所有的方法都不能用，才能跨過此關，對於許多人來說，什麼方法都不要用，等於不知道如何下手，毫無憑藉依據之處，這就是七返九還困難之處，也就是金丹難練之處。

「休將寅子數坤申，但看五行成準」，寅子數坤申是以天干地支為基礎的一種修煉法，在現代似乎已經失傳，張伯端批評此種練法是不對的，應該「但看五行成準」，五行也就是水火土三家相見，升級成金木，但是土仍不可放掉，金木土繼續升級成金丹。但是現代我們可以看得到的練法，幾乎只剩下水火的修煉，土金木的部分已經失傳，很少人知道什麼是烏肝兔髓，也很少人知道水是木的來源，火是金的來源，所以筆者在這裡列出現代比較嚴重的問題，就是對於火轉化成兔髓金的練法，這種七返九還的練法，已經失傳了，希望本書以無為丹道的角度來詮釋，能讓此修煉之法重見天日。

「本是水銀一味，周流經歷諸辰」，水銀就是汞，就是神火，諸辰就是各個時辰，周流經歷就是各個時辰都經歷，講的就是整個修煉的過程陽極生陰，陰極生陽，這個陰陽講的是什麼的陰陽？張伯端有講，就是浮沉，是什麼的浮沉呢？就是神火的浮沉，神火沉，則為表層意識，為陽；神火下沉，則意識潛藏暫隱，為陰。神火在整個修煉，都是主角，修煉其實主要就是鍊神，故為「本是水銀一味」。

「陰陽炁足自通神」，陰陽炁足，在氣的狀態下，則為水火階段，加上土的作用之後，升級為烏肝兔髓，烏肝在《參同契》之中，為日魂，為陽神；兔髓為月魄，為陰神，所以說「陰陽炁足自通神」。

「出入豈離玄牝」，玄牝就是玄關，所有的修煉都在玄關，從水火的修煉開始，開啟玄關進入金木層次，到產生九轉金丹，都是在玄關的層次，所有一切的修煉不離玄關。

夏版：
雄裡內含雌質，負陰卻抱陽精，
兩般和合藥方成，點化魂靈魄聖。
信道金丹一粒，蛇吞立化龍形，
雞飧亦乃變鸞鵬，俱入清陽真境。

翁版：
雄裡內含雌質，負陰卻抱陽精，
兩般和合藥方成，點化魄靈魂聖。
信道金丹一粒，蛇吞立化龍形，
雞餐亦乃變鸞鵬，盡入真陽仙境。

陳版：
雄裡內含雌質，負陰抱卻陽精。
兩般合和藥方成，點化魄靈魂聖。
信道金丹一粒，蛇吞立變龍形。
雞飧亦乃化鸞鵬，飛入真陽清境。

劉版：
雄裡內含雌質，負陰卻抱陽精。
兩般和合藥方成，點化魂纖魄聖。
信道金丹一粒，蛇吞立變成龍，
雞餐亦乃化鸞鵬，飛入真陽清境。

雖然各版文字差異不小，但是意義上卻無重大差異，除了劉版「魂纖」語意不通，可能為誤植之外，其他各版差異不大。而夏版「飧」、陳版「飡」皆為「餐」之意。

　　「雄裡內含雌質，負陰卻抱陽精」，這段雄中含雌，陰中抱陽，講的就是「玄中顛倒顛」，水火轉金木的情況。「雄」指的是烏肝木，屬陽；「含雌質」指的是氣，水，屬陰。「陰」指的是兔髓金，屬陰；「抱陽精」指的是神，火，屬陽。

　　「兩般和合藥方成」兩般就是水和火，水火和合才產生烏兔小藥，「點化魂靈魄聖」，烏肝又稱為日魂，兔髓又稱為月魄。整段就是水火和合產生烏肝日魂和兔髓月魄。

　　「信道金丹一粒，蛇吞立化龍形，雞飧亦乃變鸞鵬，俱入清陽真境。」練到產生金丹一粒之後，蛇吞了就變成龍，雞吃了就變成鸞鳳大鵬，都進入清陽真境。這裡並非真的蛇變成龍，雞變成鳳，而是指內景的轉變，原本在烏肝兔髓的內景都是很陽春的，經常是純粹一片光，只是烏肝會動，有顏色，兔髓不會動，白色。但是開始金丹演化程序之後，陽生內景從第二階段就變得很複雜，各種幾何形狀、文字、印章狀的內景令人感到不勝玄奇，故稱為玄珠，到了陽生三階段之後，大曼陀羅、滿月、霜飛、真人更令人驚奇不已，已經不是烏肝兔髓那種陽春的光了，所以才說「蛇吞立化龍形，雞飧亦乃變鸞鵬」，同樣是光，精細度不同，層次也不同。「俱入清陽真境」清陽是純粹的陽，純陽狀態的真實境界。

夏版：
　天地纏經否泰，朝昏要識屯蒙。
　輻來湊轂水朝宗，妙在抽添運用。
　得一萬般事畢，休分南北西東。
　損之又損慎前功，命寶不宜輕弄。

翁版：
　天地纏經否泰，朝昏好用屯蒙，
　輻來輳轂水朝宗，妙在抽添運用。
　得一萬般皆畢，休分南北西東，
　損之又損慎前功，命寶不宜輕弄。

陳版：
　天地纏經否泰，朝昏好識屯蒙。
　輻來湊轂水朝宗，妙在抽添運用。
　得一萬般皆畢，休分南北西東。
　損之又損慎前功，命寶不宜輕弄。

劉版：
　天地才交否泰，朝昏好識屯蒙。
　輻來輳轂水朝東，妙在抽添運用。
　得一萬般皆畢，休分南北西東。
　損之又損慎前功，命寶不宜輕弄。

第五章　五言四韻一首　西江月十二首

各版文字差異多處，但語意上並無重大差異，僅列出各版供參。

本段類似「否泰纔交萬物盈，屯蒙受卦稟生成。此中得意休求象，若究群爻謾役情。」請參閱之前解釋。「否卦代表陰陽不交，泰卦代表陰陽相交，『否泰纔交』代表陰陽從原本的陰陽不交，到陰陽相交，萬物充盈，講的是一個剛開始陰陽相交的狀況，所以使用『纔交』。」夏版使用「天地纔經否泰」、劉版「天地才交否泰」意義差異不大。

「朝昏要識屯蒙」與之前「屯蒙受卦稟生成」相同，之前的解釋：「清晨屯卦當值，到黃昏的時候蒙卦當受，也是當值的意思，晝夜各一卦，依照次序使用。『屯蒙受卦稟生成』用屯卦和蒙卦代表陰陽生成的現象。」

「輻」：連結車輞和車轂的直條。夏版「湊」同翁版「輳」，車輪的輻聚集到中心，引申為聚集。「轂」：車輪中心，有洞可以插軸的部分，借指車輪或車。「輻來湊轂水朝宗」車輻條從四面八方聚集到中心，就像水從四面八方聚集到中心一樣，劉版「水朝東」，其他三版「水朝宗」，不管是水朝東或宗，意思上都可以講得通，水朝東就是不管水怎麼流，最後走向都是朝東，講的是長江黃河這大江流域的最後趨勢；水朝宗就是不管水怎麼流，最後還是朝向最低處的中心流，講的是水的性質，兩者都可以說得通，水最後朝向一個地方流之意。

「妙在抽添運用」，抽添運用講的是火候，火候在一開始水火階段的時候，必須要武火，進入烏肝之後文火，進入兔髓止火，陰極生陽之際「進火」，不可過多也不可過少，

過少則陽生不生，過多則後天過重，慎防幻境叢生。所以這一切的火候運用都要了解自然運行的奧妙道理。

「天地纔經否泰，朝昏要識屯蒙。輻來湊轂水朝宗，妙在抽添運用。」整段之意為陰陽才剛開始交流之時，要了解陰陽的交替，如同日夜晨昏之交替，真氣如同車輻朝向中心一樣，最後也會朝向一個目標，其奧妙就在於火候的抽添運用。

「得一萬般事畢，休分南北西東。」，得到「一」，就是「一陽生」就「萬般事畢」，就完成整個程序，不需要區分南北西東，南北西東包含中央，就是五行，不需要區分就是五行合一，完成整個程序之後，三家相見，只剩唯一的「一陽生」。

「損之又損慎前功，命寶不宜輕弄。」，整個火候的抽添運用，從水火階段的武火，烏肝階段的文火，兔髓階段的止火，整個過程都是「損之又損」，火越來越小，直到停止，性命之寶不宜清弄，不應隨便玩弄後天識神技巧，須順天地自然運行之道。

整段之意為，開始陰陽相交之時，要識得陰陽交替如同晨昏，真氣如同車輻一般，最後聚集到一處，奧妙在火候的抽添運用，得到一陽生就完成陰陽交替的程序，五行合而為一，火候須注意損之又損，避免前功盡棄，修煉之命寶不應該隨意玩弄技巧。

夏版：

冬至一陽來復，三旬增一陽爻，
月中復卦朔晨超，望罷乾終變姤。
日又別爲寒暑，陽生復起中宵，
午時姤象一陰朝，鍊藥方知昏曉。

翁版：

冬至一陽來復，三旬增一陽爻，
月終復卦朔晨超，望罷乾終遇兆。
日又別爲寒暑，陽生復起中宵，
午時姤象一陰朝，鍊藥須知昏曉。

陳版：

冬至一陽來復，三旬增一陽爻。
月中復卦朔晨潮，望罷乾終姤兆。
日又別爲寒暑，陽生復起中宵。
午時姤象一陰朝，煉藥須知昏曉。

「冬至一陽來復」，冬至是每年的最陰之日，冬至一過，陽就開始升起，所以說冬至是「一陽來復」。「三旬增一陽爻」，從冬至開始，每三十日就增加一個陽爻，這句話講的是一年之中的一陽生是冬至，之後陽就漸漸增加。

「月中復卦朔晨超，望罷乾終變姤」，上一句講一年之中的一陽生是冬至，這句講一月中的一陽生是朔，也就是月初，朔晨為朔日的清晨，「晨超」疑為誤植，他版為「潮」，

但「晨潮」同樣語意不清。「望罷」望就是十五月圓結束後，乾卦就變成姤卦，乾卦為六個陽，姤卦就變成五個陽一個陰。一個月之中的一陽生是月初朔日清晨，十五月圓之後，六個陽的乾卦，代表陽達到極點，開始產生陰，因此進入姤卦，五個陽一個陰。

「日又別為寒暑，陽生復起中宵」每日跟每年一樣，每年有寒暑，每日也有自己的寒暑，陽生從半夜開始，宵就是夜，中宵就半夜。

「午時姤象一陰朝」午時姤卦之象一個陰五個陽，代表一陰生。

「鍊藥方知昏曉」鍊藥了之後才知道，鍊藥跟每年每月每日一樣，都有自己的陰陽昏曉，有自己的一陽生、一陰生。前面張伯端也說過，鍊藥「以時易日」，每個時辰就能產生自己的陰陽，跟每日的陰陽一樣，這邊講得更仔細，不只每日有自己的陰陽，每年每月都有自己的陰陽，鍊藥當然也有自己的陰陽。

鍊藥的陰陽大約是一個時辰，也就是兩個小時，從陽極生陰，到陰極生陽，練完一個完整的循環，至少要花兩小時的時間，所以各位讀者，練功是要花時間的，十分鐘、三十分鐘這種練習時間，是沒辦法陰陽練透的，當然也不可能談到進步了，要進步的話一定要把陰陽練透，至少準備兩小時的時間，陰陽練透之後，才能產生一陽生的現象，這個一陽生才是進步的轉機。

也有說法把一陽生當成男生早上的晨勃，這一點是大大的誤會，各位讀者千萬不要相信這種傳說，一點根據都沒

有，一陽生是什麼，本書已經說得非常清楚了，絕對跟男生晨勃毫無關係，當然身體好了是會有晨勃的現象，但是一陽生並非是晨勃的代名詞。一陽生本書講得非常具體，共分三階段：從第一階段的初級小藥，包含氣感、烏肝、兔髓都是；第二階段的初級大藥，包含曼陀羅形字印；到第三階段的高級大藥，包含圓月、霜飛、金丹真人都是。

夏版：
不辨五行四象，那分朱汞鉛銀，
抽添火候未曾聞，早便稱呼居隱。
不解自思己錯，更將錯路教人，
誤他永世在迷津，似怠欺心安忍。

翁版：
不辨五行四象，那分朱汞鉛銀。
燒丹火候未曾聞，早便稱呼居隱。
不肯自思己錯，更將錯路教人。
誤他永劫在迷津，似想欺心安忍。

陳版：
不辯五行四象，那分朱汞鉛銀。
修丹火候未曾聞，早便稱呼居隱。
不肯自思己錯，更將錯路教人。
誤他永劫在迷津，似怨欺心安忍。

劉版：

不辨五行四象，那分朱汞鉛銀。

修丹火候未曾聞，早便稱呼居隱。

不肯自思己錯，更將錯路教人，

誤他永劫在迷津，似恁欺心安忍？

本段最後一句雖然各版有異，但是語意差異不大。

自己無法辨別五行四象，也分不清楚朱汞鉛銀是什麼，抽添火候也不懂，就自稱隱士居士了，這種人不了解不思考自己的錯，更把錯誤的路教給別人，耽誤他人一輩子都在迷津當中，怎麼忍心做出這種欺騙他人的事情呢？

張伯端批評得很真切，但是筆者看了也很無奈，這種事情，即使是現代，也是到處都是，筆者能做的，也就是寫書教學，希望大家明白真相，這樣那些誤人子弟的假大師，自然無所遁形，不過這也只是卑微的希望而已，難啊！

特別提出劉一明版本的註解中的一段話：「世之迷途，不辨五行四象之實理，不明朱汞鉛銀之寓言；藥物未曉，火候不問，學些旁門小法乘，自負有道，便稱居隱。不肯自思己錯，更將錯路教人，以一盲而引眾盲，誤人入於迷律，永劫不得超脫。似這欺心忍心，當入無問地獄，永無出頭之日，尚望成道乎？」

德行修逾八百，陰功積滿三千。

均齊物我與親冤，始合神仙本願。

虎兕刀兵不害，無常火宅難牽。
寶符降後去朝天，穩駕鸞輿鳳輦。

　　德行修行超過八百，這個八百的數字怎麼來的，各家註解沒人提到，陰功積滿三千，這個三千同樣也沒有具體的來源，但是從後面的「火宅」，可以推知可能來自《法華經》。

　　《法華經》：「三界皆火宅，無一處安生。」

　　故推知此德行八百和陰功三千數字可能來自《法華經》。

　　《法華經・法師功德品》曰：「若善男子，善女人，受持是法華經，若讀若誦，若解說，若書寫，是人當得八百眼功德，千二百耳功德，八百鼻功德，千二百舌功德，八百身功德，千二百意功德，以是功德，莊嚴六根，皆令清淨。」

　　「均齊物我與親冤，始合神仙本願」，對於外物和自我，親冤，都能保持均齊平等心，這才符合神仙本願。

　　這句的說法顯示張伯端應該是有看過《法華經》等佛經，所以將看佛經的想法也寫入《悟真篇》。

　　「虎兕刀兵不害，無常火宅難牽。」，虎兕用法出自《論語》，老虎犀牛。

　　《論語・季氏》：「虎兕出於柙，龜玉毀於櫝中，是誰之過與?」

　　老虎、犀牛、刀兵都無法傷害到，無常火宅也難以牽連到，火宅是起火的房子，故說任何災害都無法傷害到，這也是佛經常用的說法。

《妙法蓮華經》卷7〈25 觀世音菩薩普門品〉:「若復有人臨當被害，稱觀世音菩薩名者，彼所執刀杖尋段段壞，而得解脫。」（CBETA 2022.Q1, T09, no. 262, p. 56c16-17）

　　「寶符降後去朝天，穩駕鸞輿鳳輦。」寶符在這邊講的是修煉過程中的大小藥，特別是大藥，降伏大藥之後，就產生金丹真人，「去朝天」。

　　《廣雅・釋器》:「鸞，車也。」

　　《廣雅・釋鳥》:「鸞鳥，鳳皇屬也。」

　　《說文》:「輦，挽車也。」

　　「鸞輿」、「鳳輦」意思相同，都是鳳所駕駛的車，同樣也是「去朝天」，成仙之意。


夏版:

牛女情緣道本，龜蛇類稟天然。

蟾烏遇朔合嬋娟，二炁相資運轉。

總是乾坤妙用，誰人達此深淵。

陰陽否隔卻成愆，怎得天長地遠。


翁版:

牛女情緣道本，龜蛇類稟天然。

蟾烏遇朔合嬋娟，二炁相資運轉。

總是乾坤妙用，誰能達此深淵。

陰陽否隔卻成愆，怎得天長地遠。

陳版：

牛女情緣道合，龜蛇類稟天然。
蟾烏遇朔合嬋娟，二氣相資運轉。
本是乾坤妙用，誰能達此淵源。
陰陽否隔卻成愆，怎得天長地遠。


劉版：

牛女情緣道合，龜蛇類稟天然。
蟾烏遇朔合嬋娟，二氣相資運轉。
本是乾坤妙用，誰人達此真詮？
陰陽否隔即成愆，怎得天長地遠。


《周易參同契》：「關關雎鳩，在河之洲，窈窕淑女，君子好逑。雄不獨處，雌不孤居。玄武龜蛇，蟠虯相扶，以明牝牡，意當相須。」

玄武龜蛇，盤踞在一起互相扶持，以分清楚公母。「牛女情緣道本，龜蛇類稟天然。蟾烏遇朔合嬋娟，二炁相資運轉。」牛郎織女的情緣就像道之本於陰陽，龜蛇同類相求也秉持陰陽，蟾蜍代表月，烏鴉代表日，蟾烏日月陰陽遇到朔日，意指烏肝兔髓陰陽合為一氣，進入如同朔日無月光的恍惚溫養之態，即可合為嬋娟，嬋娟可為美女與明月，在此應為明月，為「黑中有白為丹母」之滿月。此陰陽二氣互相資助運轉。

「總是乾坤妙用，誰能達此深淵。陰陽否隔卻成愆，怎得天長地遠。」這一切都是乾坤陰陽妙用，誰能練到這個地

方？如果沒有陰陽妙用，而是陰陽相隔，「愆」違反，違反陰陽妙用之道，又怎能天長地遠呢？

陳版：
丹是色身至寶，煉成變化無窮。
更能性上究真宗，決了無生妙用。
不待他身後世，見前獲佛神通。
自從龍女著斯功，爾後誰能繼踵。

翁版：
丹是色身妙寶，鍊成變化無窮，
更能性上究真宗，決了無生妙用。
不待他身後世，見前獲佛神通，
自然龍女降奇功，爾後誰能繼踵。

本段缺夏版，翁版「降奇功」、陳版「著斯功」差異不大，但是翁版「自然」和陳版「自從」有所差異，參照後一句「爾後」，從此以後，故以陳版「自從」較為合理。

丹是色身至寶，練成之後變化無窮，更能在性功上探究真正的宗源，無生妙用的解決之道，無生就是無死，永恆長生，金丹是無死永生的解決之道。

不用等到修煉者身後死亡，金丹現前就能獲得佛神通，自從龍女做了這件事情，以後還有誰能接踵而至呢？

本段引用龍女獻丹寶之後，就立地成佛的故事，比喻金丹就是丹寶，練成金丹，同樣立地成佛。

第五章　五言四韻一首　西江月十二首

特別要注意的是，這段在有些搬運法的版本，被竄改為「鍾呂」，「不待他身後世，現前獲道神通。自從鍾呂著斯功，爾後誰能繼踵？」，鍾呂是搬運法的，和《悟真篇》的烏兔小藥修煉，完全不相同，整個價值觀也有著非常大的差異，等於是用《悟真篇》的語言文字，卻講的是另外一種修煉方式，也就是把氣感當成小藥，把烏肝當成金丹，把幻境當成出陽神的修煉方式。

劉版：
饒君了悟真如性，未免拋身卻入身。
何以更兼修大藥，頓超無漏作眞人。

翁版：
饒君了悟真如性，未免拋身卻入身。
縱此變新修大藥，迥超無漏作眞人。

陳版：
饒君了悟真如性，未免拋身卻入身。
何事更兼修大藥，頓超無漏作眞人。

本段採劉版「何以更兼」意為「為何不加練」，較合語意。

「饒君」即使你，「了悟真如性」了悟真如自性，「未免拋身卻入身」未免還是要先死亡拋棄身體，然後再重新投胎獲得新的身體，「何以更兼修大藥」為什麼不加修金丹大

藥,「頓超無漏作真人」便可頓悟超脫無漏做真人。

　　本段主要是鼓勵修佛學禪者,加練金丹大藥,便可當是成佛做真人,可超脫輪迴之苦。

翁版:
投胎奪舍及移居,舊住名爲四果徒。
若解降龍並伏虎,眞金起處幾時枯。

陳版:
投胎奪舍及移居,舊住名爲四果徒。
若會降龍並伏虎,眞金起屋几時枯。

　　這段仍然是講佛教徒,四果是佛教中的四個果位,四果徒意指佛教徒。就算學會投胎、奪舍、移居、舊住這些方法的佛教徒,還是在奪人肉體,仍在輪迴之中,不得解脫。若能練出金丹降龍伏虎之功,真正的金丹發起的地方,也就是金丹真人,「幾時枯」,幾時會形體枯萎?若能鍊成烏肝兔髓,修出金丹真人,又怎會落入生死輪迴之中呢?

翁版:
鑒形閉氣思神法,初出艱難後坦途。
倏忽縱能遊萬國,奈何居舊卻移居。

陳版：

鑑形閉氣思神法，初出艱難後坦塗。

倏忽縱能遊萬國，奈何屋舊卻移居。


劉版：

鑑形閉息思神法，初學艱難後坦途。

倏忽總能遊萬國，奈何屋舊卻移居。


劉一明：「鑑形者，懸鏡於壁，存神於內，日久陰神出外者也。閉息者始而一息二息不出，既而十息百息不出，漸至永久不出，氣自內行者也。思神者，或默朝上帝，或雲梯顯聖，或思神自囟門而出，或思神自明堂而出者也，如此之類極多。」照鏡子存想，日久陰神出行。或者不用口鼻呼吸，或者想像神明，或者想像雲梯顯出聖人，或者想像意識從頭頂出去，或者想像意識從額頭出去之類的，這種練法剛開始很難，後來就變得很簡單，雖然一下子好像能到處遊歷，奈何身體還是會死亡，舊居為身體，移居為死亡換肉體。

這些想像大多是欲界幻境，非真實影像，但仍有許多人執著於此，從張伯端時代就有許多人練習這些旁門左道，即使到了今日許多號稱道家正統練習者，仍然練習此種旁門左道，並且當作是祕法傳承。

翁版：

釋氏教人修極樂，亦緣極樂是金方。

大都色相唯茲實，餘二非眞謾度量。

釋迦牟尼佛教人修極樂世界，也是因為極樂世界是金方，金為西，西方極樂，在此用金方意指金丹大道。認為世間一切大都是色相，只有西方極樂世界才是真實的，其他的都不是真實的。

翁版：

俗謂常言合聖道，宜向其中細尋討。

能將日用顛倒求，大地塵沙盡成寶。

常說的俗話當中有許多是合乎聖道的，應該向其中細細去尋討，若能將這些每日常用的話顛倒仔細思考，大地塵沙都是寶，意思是這些俗話也能是寶。

例如「心花怒放」形容心情非常好，但是也跟金丹大道有著密切關係，當心竅全開之時，才是三花聚頂，心花怒放之時。例如「三魂七魄」，通常用於被驚嚇到魂魄都飛走了，其實魂為烏肝，屬木，數字三；魄為兔髓，屬金，數字七。

《朱子語類》：「魂屬木，魄屬金。所以說「三魂七魄」，是金木之數也。」

# 第六章　外篇

劉版：

讀周易參同契

大丹妙用法乾坤，乾坤運分五行分；

五行順分常道有生有滅，

五行逆分丹體常靈常存。

一自虛無質兆，兩儀因一開根，

四象不離二體，八卦互爲子孫。

萬象生乎變動，吉凶悔吝茲分。

百姓日用不知，聖人能究本源。

顧《易》道妙盡乾坤之理，遂托象於斯文。

　　大丹就是金丹，金丹的妙用是來自於乾坤陰陽，乾坤陰陽開始運行，就分出五行，五行就是金木水火土，水火既濟，加上清淨意土，就產生木金烏肝兔髓，再繼續陰陽運行，就能產生金丹。

　　五行順行屬於常道，有生有滅。五行逆行，也就是修煉金丹之道，本應木生火，金生水，卻逆行成為水火生金木，金木生金丹，因此丹體常靈長存。

　　道生一，是從一開始，一是從虛無產生物質轉變的徵兆，陰陽兩儀因為一而開始，四象不離陰陽二體，八卦之間的關係互為子孫，萬象從此開始變動，吉利凶厄大小憂慮從此而分，老百姓不知道這些現象每天都在發生，但是聖人卻

能從其中研究出本源，故《易經》的奧妙都在乾坤陰陽之理，故都在《參同契》這篇文章中假託於這些卦象。

　　否泰交，則陰陽或升或降；
　　屯蒙作，則動靜在朝在昏。
　　坎離為男女水火，震兌乃龍虎魄魂。
　　守中則黃裳元吉，遇亢則無位無尊。
　　既未慎萬物之終始，復姤昭二氣之歸奔。
　　月虧盈，應精神之衰旺；
　　日出沒，合榮衛之寒溫。

　　「否泰交」參閱前文：「否泰纏交代表陰陽從原本的陰陽不交，到陰陽相交」，「則陰陽或升或降」，這段講的是剛開始練的時候，從水火不交，到水火相交的過程，這過程水為腎氣，北方河車，氣在身體或升或降。請注意張伯端在這裡有要求要如何升如何降嗎？沒有的，氣在身體的升降，也是一樣順其自然，或升或降是按照當時身體的狀況，讓身體自由去發展的，並未使用後天意識去控制氣的走向。

　　「屯蒙作，則動靜在朝在昏。」參閱前文：「清晨屯卦當值，到黃昏的時候蒙卦當受，也是當值的意思，晝夜各一卦，依照次序使用。『屯蒙受卦稟生成』用屯卦和蒙卦代表陰陽生成的現象。」屯卦和蒙卦開始運作，意思是動靜在早晨和黃昏，代表著修煉丹道中的意識浮與沉。

　　「坎離為男女水火，震兌乃龍虎魄魂。」坎代表水，女，陰。離代表火，男，陽。震代表龍，魂，烏肝。兌代表

虎，魄，兔髓。

「守中則黃裳元吉」，中代表土。《參同契》：「青赤黑白，各居一方，皆秉中宮，戊巳之功」，上述的坎離震兌就是金木水火，而土就是中，有了清淨意土，五行才能完全。《易‧坤》卦：「六五，黃裳元吉。」黃色的下衣代表元吉，非常吉祥，黃色為土之色。所以這段的意思是，以土為中，則一切順利，金木水火可順利轉化為金丹。

「遇亢則無位無尊」，《參同契》：「亢滿違道」，《易經》：「上九：亢龍有悔。象傳:亢龍有悔，盈不可久也。文言:上九曰：『亢龍有悔』，何謂也？子曰：『貴而無位，高而無民，賢人在下位而無輔，是以動而有悔也。』」亢代表過度，滿了，尊貴的人卻沒有職位，地位崇高卻沒有人民的支持，賢人在下位卻沒有人輔佐，所以動了就會如同亢龍有悔一樣，開始走下坡招致災難。這裡代表在丹道裡面，用意過度，在錯誤的地方進火，如同亢龍有悔，導致災難，煉丹不成。

「既未慎萬物之終始」，「既未」代表《周易》最後兩卦既濟卦和未濟卦，《參同契》：「即未至晦爽，終則復更始」晦，農曆每月的末一天，爽，明亮，從最後兩卦到最後一天又天明，從頭開始，故說既未兩卦的意思就是要小心謹慎萬物的終始。

「復姤昭二氣之歸奔」，復姤兩卦則代表陰陽二氣之歸來和奔去。復卦代表一陽生，陽之氣初生；姤卦代表一陰生，陰之氣初生。《參同契》：「復卦建始萌」復卦建立就開始萌芽，開始一陽生。

「月虧盈，應精神之衰旺」月亮的盈虧，代表精神的衰旺。「日出沒，合榮衛之寒溫」太陽的出沒，符合身體榮衛兩氣的寒溫。

這一段講的是《參同契》當中各種卦象和名詞，在丹道中代表的含義。

> 本立言以明象，既得象以忘言。
> 猶設象以指意，悟眞意則象捐。
> 達者惟簡惟易，迷者愈惑愈繁。
> 故之修眞之士，
> 讀《參同契》者不在乎泥象執文。

本來說這些名詞，就是為了要明白卦象的含義，既然已經知道了卦象的真意，就可以把這些名詞給忘了。就好像設立這些卦象是為了要講清楚其所代表的意義，既然已經悟出了真正的意義，就可以把這些卦象給放棄。捐，棄捐，放棄。

練到的人能夠用最簡單和最容易的話講清楚，只有搞不清楚的人，才會放不下這些名詞，越用越繁瑣，只是讓人更加地迷惑。所以真正的修行者，讀《參同契》，不會執著於卦象和名詞，能夠使用自己最簡單的話，講清楚丹道真正的含義。

贈白龍洞劉道人歌

玉走金飛兩曜忙，始聞花發又秋霜。

徒誇籛壽千來歲，也似雲中一電光。

玉，玉兔，月亮。金，金烏，太陽。兩曜，日月。《神仙傳》：「彭祖姓籛，名鏗，帝顓頊之元孫。」歲月快速飛過，才剛聞到花香，一下子又秋霜了，只知道誇讚彭祖長壽千來歲，再怎麼長壽，也像雲中電光一樣，一閃而逝。

一電光，何太速，百年都來三萬日，

其間寒暑互煎熬，不覺童顏暗中失。

壽命跟電光一樣，何其快速，就算活了百年，也就三萬日，這期間寒暑煎熬身體，不知不覺中，年輕的容貌暗暗消失。

縱有兒孫滿眼前，卻成恩愛轉牽纏。

及乎精竭身枯朽，誰解教君暫駐延。

縱然有兒孫滿堂，卻變成恩愛不捨放棄，轉為牽扯糾纏，直到精疲力竭，身體枯朽老化，誰能教你暫時停下時間駐顏不變呢？

暫駐延，既無計，不免將身歸逝水。

但看古往聖賢人，幾個解留身在世？

既然對於暫停時間駐顏不變無計可施，身體的老化不免像逝去的流水一樣，一去不回，但看古往聖賢人，有幾個能夠從死亡中解脫，留下身體，一直活在世間？

　　身在世，也有方，只爲時人沒度量。
　　競向山中尋草木，伏鉛制汞點丹陽。

　　身體在這個世間，也是有方法可以駐顏不老，只是人們不了解，相競向山中尋找草木，卻不知道可以練鉛汞，點丹陽煉金丹。

　　點丹陽，事迴別，須向坎中求赤血。
　　捉來離位制陰精，配合調和有時節。

　　「赤血」來自《周易・說卦》：「坎爲水，爲溝瀆，爲隱伏，爲矯輮，爲弓輪。其於人也，爲加憂，爲心病，爲耳痛，爲血卦，爲赤。」意思是坎中精華，在此代表烏肝。「陰精」在此代表離中精華，代表兔髓。

　　點丹陽煉金丹，與世間事完全不同，必須向坎中求烏肝，抓來離位煉製兔髓，還要配合火候時節的調和才行。

　　時節正，用媒人，金公姹女結親姻，
　　金公偏好騎白虎，姹女常駕赤龍身，

時間火候到了的時候，就用真意淨土當媒人，金公鉛和姹女汞就結為姻親，金公鉛偏好騎白虎，姹女汞常駕赤龍身，這是說水火鉛汞，經過真意土，轉化為白虎金龍，也就是烏肝兔髓。

　　虎來靜坐秋山裡，龍向潭中奮身起。
　　兩獸相逢戰一場，波浪奔騰如鼎沸。

　　虎代表兔髓，靜坐代表入陰，秋山代表一陰生。龍代表烏肝，潭中代表水，腎氣，奮身起，代表陽生。兩獸相逢戰一場代表陰陽交替融合，波浪奔騰如鼎沸，這過程非常激烈，練陽時氣機洶湧，練陰時幻境也相當驚人。

　　黃婆丁老助威靈，撼動乾坤走神鬼。
　　須臾戰罷雲雨收，種個玄珠在泥底，

　　黃婆淨土，丁老火候，來幫助烏肝兔髓，烏肝為魂，兔髓為魄，兩者過程驚人，故稱威靈。撼動乾坤陰陽走神鬼，淨土火候幫助水火轉金木烏肝兔髓，也幫助烏肝兔髓轉金丹，烏肝為陽神，兔髓為陰神，幻境則為鬼，故稱走神鬼。
　　一會兒戰罷雲雨收，過程中風雨飄搖，如同風雲變色起洶湧，烏肝兔髓陰陽交替之後，歸於雲破天清之清朗空境，此時產生玄珠在泥底，玄珠就是變化金丹過程中各式各樣的方體蓮花型態，在泥底，此時玄珠還在陰的狀態，還不到金丹，故稱陰為泥底。

從此段可知，張伯端定義的金丹和玄珠是不同的，玄珠是還有陰的，金丹是純陽的，因此可知玄珠是二階段陽生的內景，金丹才是進入第三階段陽生的內景。

從此根芽漸長成，隨時灌溉抱眞精。
十月脫胎吞入口，不覺凡身已有靈。

「從此根芽漸長成」，從這句話，又更進一步確認玄珠是金丹的前期，也就是陽生二階段內景，所以才會有「漸長成」這樣的演化歷程，「隨時灌溉抱真精」，隨時用真精真鉛汞，也就是烏肝兔髓灌溉。

「十月脫胎吞入口」，脫胎也就是大藥生成之後，產生滿月，滿月中出現胎仙，然後脫胎，也就是胎仙脫離滿月，形成真人，故稱為脫胎，從原來的滿月胎仙，變成脫離滿月的真人。

「不覺凡身已有靈」，此時不知不覺中，凡身之內已經有靈，靈就是真人已經成形出現。

此個事，世間稀，不是等閒人得知。
夙世若無仙骨分，容易如何得遇之。

這個事情，世間非常稀有少見，不是普通人可以隨便知道的，若是累世沒有仙骨的緣分，又如何能夠容易遇得到呢？是非常難得的。

確實從筆者練到玄珠之後，就發現已經很少人練到這裡了，直到筆者練到金丹真人之後，除了經典之外，幾乎已經找不到人練到這裡了，很多人喜歡問筆者聽過什麼大師之類的問題，筆者在練到這裡之後，幾乎已經很少看到有人能突破這個階段，有許多大師幾乎都掉進欲界幻境的坑當中，將幻境當成出陽神的，比比皆是。故只能在經典當中尋找曾經練到此處的人，只能在古人當中尋找曾經的痕跡。

　　當然筆者也希望將這個緣分介紹給更多人，然而若直接跟人說，經常遇到下士大笑，只好以寫書為媒介，希望將此金丹大道介紹給更多有心人。


　　**得遇之，宜便煉，都緣光景急如箭。**
　　**要取魚時須結罾，莫只臨川空嘆羨。**


　　罾，漁網。如果各位遇到金丹正法，應該要馬上練，就像要抓魚的時候都知道要事先結網，不要已經到河川旁邊了，才發現沒有漁網，只能空嘆息，羨慕別人有漁網，用這個比喻光陰似箭，百年壽命轉眼到，不要到死亡將近，人身已老，才發現什麼都沒有準備。

　　筆者在網路上遇到很多人，說想要練，但是沒有時間，想要等到退休才練。這些人可能不知道，老人練丹道，除非是天生資賦優異於常人，否則幾乎是很難練成的，年輕人練一天，老年人可能要練一個月，甚至一年，才能達到年輕人的進度。或許這就是搬運法之所以只知道氣機，卻不知道烏肝兔髓的原因，若非年紀輕輕就開始修煉，光是要把基本的

烏肝練出來，都得花上好幾年的力氣，不像年輕人，可能練個幾天，烏肝就出現了，這其中的進度差異，真是非常之巨大。

　　聞君知藥已多年，何不收心煉汞鉛。
　　莫教燭被風吹滅，六道輪回莫怨天。

　　聽說諸君知道藥物已經很多年了，為什麼不收心練鉛汞，不要等老到如風中殘燭，蠟燭都快被風吹滅了，到時候淪入六道輪迴，才在埋怨老天爺。

　　近來世上人多詐，盡著布衣稱道者。
　　問他金木是何般，噤口不言如害啞。
　　卻云伏氣與休糧，別有門庭道路長。

　　近來世上人多詭詐，盡是穿著布衣稱得道，問他金木是什麼，閉口不說就像啞巴一樣。卻只會說閉氣呼吸和辟穀，「別有門庭」意為旁門，「道路長」意為此路遙遙無期，用這些旁門左道想要煉成金丹，那是遙遙無期，幾乎是不可能的事情了。

　　筆者自從練到第三階段陽生之後，看到許多世間大師，或者沉迷於幻境，將幻境當成出陽神；或者沉迷於氣感，將氣感當成丹道；或者沉迷於烏肝左右脈，把烏肝左右脈的現象當成中脈；或者沉迷於任督運行，將任督運行當成丹道，各式各樣的歧路，幾乎看不到一個人了解什麼是金木烏肝兔

髓陰陽交替，張伯端的《悟真篇》問世已經千年了，各家註解很少有人能夠完全了解張伯端之意，筆者深覺遺憾，儘管《悟真篇》註解本多不勝數，依然決定將悟出的真意，再一次留下文字紀錄。

> 君不見，〈破迷歌〉裡說，太一含真法最良，
> 莫怪言辭多狂劣，只教時人難鑑別，
> 惟君心與我心同，方敢傾懷向君說。

各位沒看到〈破迷歌〉裡面說的，含真的太一修煉之法最優良，請不要怪我言詞狂傲拙劣，只是不說出來，大家也很難鑑別真假，只有當你的心和我的心相同，有志一同之時，才敢開懷與您說。

筆者看到張伯端這段，非常感嘆，筆者在各個論壇講烏肝兔髓，修煉金丹之法，面對沉迷於氣感之搬運法，幾乎完全無法溝通，甚至還收到大量的敵意，認為我言詞輕狂傲慢，卻不知我每一句話都是真話。在遇到太多根本無法溝通的人之後，筆者建立了自己的網路社群教學，也建立自己的臉書，甚至直接出書，只面對志同道合者講。

石橋歌
吾家本住石橋北，山鎮水關森古木，
橋下澗水徹崑崙，山下飲泉香馥鬱。

我家本來住在石橋北方，有山有水，有森林古木，橋下溪水流過崑崙，山下泉水飲來又香又甜美。

　　這段是比喻練功一開始的情況，我家就是我的身體，剛開始是從北方腎氣開始練起，行氣之時，有上有下，有各種功態，氣在全身行走，氣上行至頭，氣又下行至下身，講的是氣行全身如同河車一樣，這講的是最初在氣功態的型態

　　　吾居山內實堪誇，遍地均栽不榭花。
　　　山北穴中藏猛虎，出窟哮吼生風霞。

　　我住的山裡面實在是很值得誇讚，遍地都栽滿不會凋謝的花，山北穴中還有猛虎，出窟時大聲咆哮吼叫，虎虎生風。

　　這講的是兔髓，「不謝花」是兔髓的功態，相對下一句騰雲的烏肝功態，兔髓的功態猶如不謝花，兔髓的功態是不會動的，因此用不會凋謝的花來比擬。猛虎也是兔髓的代詞。

　　　山南潭底藏蛟龍，騰雲降雨山蒙蒙。
　　　二獸相逢鬥一場，元珠隱伏是禎祥。

　　猛虎是兔髓，蛟龍就是烏肝，烏肝是從腎氣轉變而來，因此「潭底藏蛟龍」，烏肝的功能如同雲霧一般地移動，故「騰雲降雨山蒙蒙」。

二獸就是龍虎，烏肝兔髓，「相逢鬥一場」，陰陽相交。「元珠」就是玄珠，也就是金丹的初期功態內景，「禎」是吉祥吉兆之意，「元珠隱伏是禎祥」玄珠隱伏是吉祥之兆，在烏肝兔髓陰陽交替之後，產生二階段陽生內景，這是吉祥之兆。為什麼說是吉祥之兆？因為這代表金丹演化的初期階段已經開始了。

　　景堪羨，吾暗喜，自斟自酌熏熏醉。
　　醉彈一曲無弦琴，琴裡聲聲教仔細。

　　這些金丹演化初期的內景是很令人羨慕的，我心中對這樣的情況感到暗自欣喜，我像是自己一個人喝酒一樣，醺醺然醉在功態的恍惚杳冥中，醉了就彈一首沒有弦的曲子，意思是無聲之聲，傾聽內在之聲，「琴裡聲聲教仔細」，仔細地觀察這過程中的一切功態。

　　可煞醉後沒人知，昏昏默默恰如癡。
　　仰觀造化工夫妙，日還西出月東歸。

　　可是沒人知道我醉在恍惚杳冥功態之後的情況，昏昏默默的好像痴傻一樣，仰觀修煉工夫中造化的奧妙，日還是一樣從西而出，月從東而歸。丹道的修煉，玄中顛倒顛，原本日月出於東，落於西，而丹道修煉正好相反，原本木生火，金生水，卻顛倒成水火生金木。

天是地，地是天，反覆陰陽合自然。
識得五行顛倒處，指日升霞歸洞天。

天變成地，地變成天，陽變成陰，陰變成陽，陰陽反覆合乎自然，如果能夠識得五行顛倒之處，「升霞歸洞天」將指日可待。霞為烏肝，洞天為玄關竅，如果能了解水火生金木這樣的五行顛倒處，則很快就能產生烏肝玄關竅。

黃金屋，白玉掾，玉女金童日侍前。
南辰北斗分明布，森羅萬象現無邊。

「黃金屋」，金屋，金烏，烏肝代稱，烏肝所在的玄關。「白玉掾」，玉，玉兔，月代稱，兔髓，並以兔髓輔佐。「玉女」，兔髓為陰；「金童」，烏肝為陽。「日侍前」每日練烏肝兔髓陰陽交替。各種功態內景出現，如同天上的星辰一樣，森羅萬象，變化無窮。

無晝夜，要綿綿，聚散抽添火候全。
若問金丹端的處，尋師指破水中鉛。

用功之時，不分晝夜都在練，火候要綿綿，不可用後天意識蠻力進火，氣的聚散，神火的抽添增減，要符合火候的自然陰陽法則。
如果要問金丹的開端下手之處，尋找老師指點，說的就是水中鉛，也就是真鉛烏肝。

真鉛烏肝是玄關的開始，玄關最初始的模樣，就是烏肝，有烏肝才有玄關，而所有的金丹修煉之法，都在玄關內煉，玄關的演化，就是金丹的演化。

木生火，金生水，水火須分前後隊。
要辨浮沉識主賓，鉛銀砂汞方交會。

五行本來是木生火，金生水，但是煉丹卻變成水火生金木，而且水火生金木還有前後順序，先生木，後生金。

還要分辨意識的浮沉主賓，水火階段意識為浮，意識神火為主，武火。進入烏肝木階段時，意識還在，下沉一部分，從水火時的主，變成賓，而且不可再進火。接下來進入兔髓階段時，意識完全下沉，進入陰狀態，也是賓。在這個兔髓的化陰狀態，真鉛烏肝真汞兔髓才開始真正地交會。

有些註解會將「水火須分前後隊」解釋成搬運法的任督運行，這樣解釋就完全忽視了水火轉金木的事實，也跟前一句「木生火，金生水」先鋪陳五行關係的說法脫離了，也跟後一句「要辨浮沉識主賓」，描述意識浮沉主賓，在水火轉金木過程中的角色脫鉤了。故各位煉丹者要小心，搬運法此種完全省略金木的說法與煉丹事實並不符合。

有剛柔，莫逸意，知足常足歸本位。
萬神齊賀太平年，恁時國富民歡喜。

神火的運用有剛的武火，也有柔的文火，並且要注意不要讓意土放逸散失，火候運用不要過度，到位了之後，火候就要慢慢降溫，從武火降為文火，再從文火降為止火。用對了火候，就能成功，故稱「萬神齊賀太平年，恁時國富民歡喜」。

此個事，好推理，同道之人知此義。
後來一輩學修真，只說存想並行氣。

這個事情好推理，與我同道中人知道這個意義，但是後來一輩學修真的年輕人，卻還是無法了解真意，只知道說存想與行氣。

從這裡知道，張伯端很清楚地說了兩件事：第一，年輕人沒有得到真傳；第二，存想和行氣都是旁門左道。劉一明的本文為「存養」，筆者質疑可能是「存想」的誤植，因為張伯端前面批評的是存想，而不是存養，故本書修改為存想。存想的意思就是觀想法，各式各樣的觀想法，都是存想。「行氣」就是練氣，例如搬運法鍊任督二脈就是行氣。

從張伯端批評的存想和行氣，我們知道這兩個門派，到現在還是非常地壯大，甚至都有傳承，而張伯端的傳承甚至在他還在世的時候，就已經很難傳給年輕人了。所以當看到有許多門派強調傳承，就要知道這件事情，傳承並非就是對的，甚至錯誤率比自己研究《悟真篇》可能還要大上許多，此事提供給各位讀者參考。

在眼前，甚容易，得服之人妙難比。
先且去病更延年，用火烹煎變陽體。

玄關就在眼前虛空，要得到玄關內煉金丹，甚為容易，得道之人只感覺奧妙無比，先是去病延年，得到真火烹煎，還能轉化為純陽之體。

學道人，去思己，休問旁門小法制。
只知目下哄得人，不覺自身暗憔悴。

學道人，自己應該要思考，不要去問旁門左道這類的小法制，只知道眼下能夠欺騙世人，不知不覺中，身體就暗暗憔悴。

勸後學，須猛鷙，莫徒拋家住他地。
妙道不離自家身，豈在千山並萬水。

勸後學者，應該要勇猛精進，不要只想著出家住別的地方，妙道是不離你的自家身體的，豈在千山萬水之間的山裡面。

這段同時也比喻修道須往自家身內求，不可想著用旁門左道外求。

莫因循，自貪鄙，火急尋師覓玄指。
在生若不學修行，未知來生甚胎裡。

不要過著因循苟且的日子，不老老實實地修煉，只知道貪求旁門小祕法，急著找老師尋覓《指玄篇》，暗指陳摶的《指玄篇》，修煉祕法之意。劉一明原作「元旨」。

活著的時候如果不學修行，不知道死了之後，會投到什麼胎裡面。

　　既有心，要終始，人生大事惟生死，
　　皇天若負道心人，令我三途爲下鬼。

既然有心，就要有始有終，人生大事只有生死解脫，如果你好好地修煉，老天還辜負有道心的人，讓我死後到三途地獄受各種苦難。

# 第七章　性宗直指

以劉一明版為主。

> 如來妙體遍河沙，萬象森羅無礙遮。
> 會的圓通真法眼，始知三界是吾家。

「如來妙體」講的是金丹真人，「萬象森羅」指的是各種功境內景，「圓通真法眼」指的是打通第三眼能看到各種內景。其實人人第三眼本來就是通的，是因為沒有練出烏肝，所以才看不到光，也就是不是第三眼有沒有打開的問題，而是烏肝有沒有出現的問題。三界是欲界、色界、無色界，這三界並非在身外，而是在身內，是入定態的三個階段，故說「是吾家」。

因為有許多佛教經典來自於外道印度教，因此摻雜了許多印度教偶像崇拜思想，把神佛講成似乎是外星人，把三界講成似乎是外在客觀存在的靈界，當然本書目前還不打算觸碰太多相關議題，因為這牽涉到宗教信仰，但是就實修者的角度來說，一切以可重複實驗的科學驗證為主，這入定態三界，在許多實修經典裡面，講得都非常清楚，有什麼功態、什麼次第、什麼內景，都有相關的線索，並非是客觀外在的天堂地獄之概念。

視之不可見其形，及至呼之又卻應。

莫道此聲如谷響，若還無谷有何聲？

看著他卻看不到形體，直到呼叫他卻又有回應，不要說這個聲音如山谷中的聲響，若沒有山谷，又何來聲音呢？

這一段是在反駁一些註解《道德經》的說法，有些人註解《道德經》，把「谷神」解釋為聽到聲音，如同山谷中的聲音。

張伯端在這裡講得很清楚，谷神就是玄關竅，在玄關竅之中，煉烏肝兔髓，看著玄關竅看不到形狀，但是在其中修煉，又有烏肝兔髓等等回應，甚至煉出金丹真人，也都在此，此玄關竅如同山谷，可煉烏肝陽神、兔髓陰神，並煉出虛空元神，產生金丹真人。

一物含聞見覺知，蓋諸塵境顯其機。

靈常一物尚非有，四者憑何作所依。

有一個東西，也就是識，包含「聞見覺知」四者，這四者就是感官，六根。「諸塵」各種外在的陰，外塵，佛家講六塵，色聲香味觸法，六根在六塵的狀態中顯現運作的機制。六根來自於「識」，就是「靈常一物」，這一物死了之後，都還是無法續存，四者，各種感官又依靠著什麼，憑什麼運作？

不移一步到西天，端坐諸方在眼前。
項後有光猶是幻，雲生足下未爲仙。

　　不移動任何一步到西天，意思就是沒有修煉任何進度到
解脫境界，到金丹真人，卻只知道坐在那裡，產生各種幻
境，包含魂遊各方，似在眼前，脖子後面有光仍然是幻，腳
下產生雲還不是仙。
　　這裡講的是有些人對什麼是修煉成仙沒有概念，只有過
程中的一些現象，就當成成仙了，例如在幻境中遊歷，就當
成出陽神，看到一些光、雲的現象就當成成仙了。當然我們
知道看到光如雲霧狀，這只是烏肝的開始，烏肝剛開始是如
雲霧狀的白光，練到一個程度，才會轉變成其他顏色的光，
而這時，也很容易產生遊歷仙境的幻境或者夢境，在這個狀
態，很多人就當成自己已經成仙了。

　　性地頌
　　佛性非同異，千燈共一光。
　　增之寧解益，減著且無傷。
　　取捨俱無過，焚漂總不妨。
　　見聞知覺法，無一可猜量。

　　佛性沒有相同或者不相同的問題，就像千盞不同的燈發
出的光，也是同樣性質的光，增加東西進去，也沒有比較
多，減少東西出來，也沒有比較少，選取或者捨棄都沒過
錯，焚燒或放水漂都沒關係，各種法門，見聞知覺法，沒有

一樣可以去猜測度量。

生滅頌
求生本自無生，畏滅何曾暫滅。
眼見不如耳見，口說爭似鼻說。

求生的源頭，卻來自於無生本性，害怕死亡消滅，死亡又何嘗消失過？

「眼見不如耳見，口說爭似鼻說」耳朵是看不見的，鼻子是不能說的，所以這裡說眼見反而比不上耳朵看見，意思是看得見反而比不上看不見的，說出來的反而比不上不能說的。意思是這無生本性不生不滅，不是看得見的，也不是說得出來的。

三界惟心頌
三界惟心妙理，萬物非此非彼。
無一物非我心，無一物是我己。

三界——欲界、色界、無色界，只有心才是奧妙的道理，萬物不是這個也不是那個，沒有一外物不是來自於我的心，沒有一外物是我自己。

見物便見心頌
見物便見心，無物心不現。
十方通塞中，真心無不遍。

若生知識解，卻成顛倒見。
睹境能無心，始見菩提面。

　　看見外物，就看見心；沒有外物，心就無法顯現。十方
世界，能通的不通的地方，真心無所不在。如果用知識去解
這個真心，卻反而成了顛倒的見解，反而看不見真心，只看
見外物。看到外境若能無心，心不與外物作用反應，知幻即
離，這樣才能開始看見菩提真面目。

　　齊物頌
　　我不異人，人心自異。
　　人有親疏，我無彼此。
　　水陸飛行，等觀一體。
　　貴賤尊卑，手足同己。
　　我尚非我，何嘗有你。
　　彼此俱無，眾泡歸水。

　　我不把人差異區分，但是人心自然會差異區分。人們有
親疏之分，我不分彼此。水中游的、陸地上走的、天上飛行
的，都以平等心看待一體。貴賤尊卑，都像自己手足一樣。
我尚不是我，我自己的意識都還不是我的一部分，更何況是
你呢？彼此之間都沒有差異，所有的泡沫都歸於水。

即心是佛頌

佛即心兮心即佛，心佛從來皆妄物。
若知無佛復無心，始是真如法身佛。
法身佛，沒模樣，一顆圓光含萬象。
無體之體即真體，無相之相即實相。
非色非空非不空，不動不靜不來往。
無異無同無有無，難取難捨難聽望。
內外圓明到處通，一佛國在一沙中。
一粒沙含大千界，一個身心萬個同。
知之須會無心法，不染不滯為淨業。
善惡千般無所為，即是南無及迦葉。


　　佛就是心，心就是佛。心和佛向來都是虛妄的外物。如
果知道沒有佛就沒有心，才是真如法身佛。法身佛沒有模
樣，一顆圓光包含萬象，無體之體就是真正的身體，無相之
相就是實相。不是色身不是空也不是不空，不動不靜也不來
往。沒有差異也沒有相同，也沒有有和無，難以取捨難以聽
和看。內外圓明到處都通，一個佛國就在一粒沙子當中。一
粒沙子包含大千世界，一個人的身心和其他成千上萬的人都
相同。知道這個需要學會無心之法，心不染污也不停滯就是
淨化業力。各種善業惡業都無所作為，就是南無阿彌陀佛和
迦葉菩薩。

　　從這些詩可以得知張伯端曾經研究過佛學和禪宗，這應
該是當時他研究佛學時，體悟所寫下來的詩，但是我們從
《悟真篇》七言律詩和絕句部分可以看得出來，他後來對於

佛學還是相當有意見的，故推測這裡的詩應該是早期研究時的心得。

看得出來他對佛學的研究，特別是禪宗的研究已經達到了極高的境界，但是他後來還是不以禪宗為主軸，反而在《悟真篇》本文當中，對於佛教信徒多有意見，這一點是很值得玩味的。從詩中可知他批評佛教並非是在完全不懂的外行情況下所講，而是對佛教已經達到了極深的了解，才發出的批評。

無心頌

堪笑我心，如頑如鄙。兀兀騰騰，任物安委。
不解修行，亦不造罪。不曾利人，亦不私己。
不持戒律，不徇忌諱。不知禮樂，不行仁義。
人間所能，百無一會。飢來吃飯，渴來飲水。

我的心是如此的可笑，又頑固又鄙陋，兀兀騰騰出自《六祖壇經》，意為昏昏沉沉，跟著外物安於委身，不管遇到什麼事情，身在哪裡，都是昏昏沉沉，隨遇而安。

《六祖壇經‧付囑‧第五節》：「兀兀不修善，騰騰不造惡。寂寂斷見聞，蕩蕩心無著。」

不了解修行，也不造罪惡，不曾做出有利於他人之事，也不自私自利，不持戒律，也不因循忌諱，不知禮樂，也不行仁義道德，別人會的，我都不會，餓了就吃飯，口渴了就喝水。

困則打睡，覺則行履。熱則單衣，寒則蓋被。
無思無慮，何憂何喜。不悔不謀，無念無意。
凡生榮辱，逆旅而已。林木棲鳥，亦可爲比。
來且不禁，去亦不止。不避不求，無讚無毀。

　　睏了就睡覺，醒來就穿鞋，熱了就穿一件就好，冷了就蓋被子。沒有思想沒有憂慮，何來憂愁何來歡喜，不會後悔也不謀求，沒有念頭也沒有意念。此生的榮辱，就像是旅社，暫時而已。鳥在樹林當中暫時休息，也可比喻。來了也不禁止，去了也不停止，不躲避不追求，沒有讚美，沒有毀譽。

不厭醜惡，不羨善美。不趨靜室，不遠鬧市。
不說人非，不誇己是。不厚尊崇，不薄賤稚。
親愛冤讎，大小內外。哀樂得喪，欽侮險易。
心無兩視，坦然一揆。不爲福先，不爲禍始。

　　沒有討厭醜惡，也不羨慕善良美麗。不追求安靜的房子，也不遠離喧鬧的市區。不說別人的過失，也不誇讚自己的對處，不特別尊重地位崇高的人，也不輕薄地位輕賤的人。對親愛的人或仇人，不分大小內外。哀痛、快樂、得到、喪失，欽佩的、侮辱的、危險的、容易的，我的心都同樣看待，沒有兩種不同的看法，坦然面對這一切現象。不當追求福祉的先驅者，也不當禍害的肇始者。
　　《莊子‧外篇‧刻意》：「不為福先，不為禍始；感而後

第七章　性宗直指

應，迫而後動，不得已而後起。」

　　感而後應，迫則複起。不畏鋒刃，焉怕虎兒。
　　隨物稱呼，豈拘名字。眼不就色，聲不入耳。
　　凡有所相，皆屬妄偽。男女形聲，悉非定體。
　　體相無心，不染不滯。自在逍遙，物莫能累。

　　感知到而後反應，被逼迫才又起來，不怕刀鋒銳利，又
怎麼會怕老虎呢？隨便外界稱呼，怎麼會拘泥於名字呢？眼
睛不看外界形色，外界聲音也不會進入我的雙耳，凡所有外
相，皆屬虛妄，男女的外型聲音，也都不是永遠固定的。對
於身體外相無心，心不染污也不停滯，自在逍遙，外物不能
牽累我。

　　妙覺光圓，映徹表裡。包裹六極，無有遐邇。
　　光兮非光，如月在水。取捨既難，複何比擬。
　　了此妙用，迥然超彼。或問所宗，此而已矣。

　　覺性的圓光絕妙，映徹身心內外，包裹六極整個宇宙，
不分遠近。這個光不是一般的光，像月亮反映在水中一樣。
取捨這麼難，又如何去比擬呢？知道了這個的妙用，就能完
全不同，超越他人。有的人問我的中心思想是什麼，就是這
個而已。
　　從這段可以知道，在這個時候，張伯端還沒練到金丹，
只有烏肝而已，因為他說「如月在水」，好像月亮在水中的

倒影，月亮在水中的倒影，搖晃不定，正是烏肝的特性。因此從這裡可以推知，這些關於禪宗的詩，大多屬於張伯端早期尚未練出金丹時的研究心得，到了張伯端練出金丹之後，我們從《悟真篇》就可以看到張伯端完全不同於〈無心頌〉的價值觀。

心經頌
蘊諦根塵空色，都無一法堪言。
顛倒之見已盡，寂靜之體攸然。

五蘊、四聖諦、六根、六塵、色空，都沒有辦法說。夢幻顛倒之見已經沒有了，只剩悠然的寂靜本體。

無罪福頌
終日行不曾行，終日坐何曾坐。
修善不成功德，作惡原無罪過。
時人若未明心，莫執此言亂作。
死後須見閻王，難免鑊湯碓磨。

整天在行走，卻不曾行走，整天坐著又何曾坐著。修善行不能成就功德，作惡原本就沒有罪過。人若不能明心，不要執著這些話亂說。死後必須要見閻羅，難免受到湯鍋尖錐磨難。

勸某些人不要亂用禪宗的顛倒用語，講口頭禪話，如果沒有明心見性，就在亂講這些用語，死後會遭受報應。這首

詩似乎又打臉了前面幾首禪詩，看起來張伯端在這個階段，進入了見山不是山的境界了，知道這種顛倒用語，只是一種口頭禪罷了，重點還是要明心。

圓通頌
見了真空空不空，圓明何處不圓通？
根塵心法都無物，妙用方知與物同。

見到了真空，真空裡面其實不空，真空妙有。真空妙有裡的圓明光輝無處不照，何處不圓通？我們知道張伯端研究禪宗之時的程度，可能在烏肝階段，而烏肝階段的光，來自於氣感，這個氣感在身體各處行走，有時候氣感與光同時行走，故稱「何處不圓通」。六根六塵心法，身受心法，六根眼耳鼻舌身意為身，六塵色聲香味觸法為受，四念處，都無物，意思是五蘊皆空，才知道妙用。前一句講都無物，就是真空，這一句講與物同，就是不空，不空不是真的不空，而是達到五蘊皆空之後，產生的妙有，才是不空。

隨他頌
萬物縱橫在目前，隨他動靜任他權。
圓明定慧終無染，似水出蓮蓮自乾。

萬物，就是各種現象，這裡的萬物，指的是修煉當中各種現象，出現在眼前。這些出現在眼前的現象，隨便他自己變化，不做後天意念的干涉。「圓明定慧」就是本性終究沒

有受到染污，因為後天意念不做干涉，先天真意才能沒有染污，若有後天慾念摻雜其中，則將受到染污。「似水出蓮蓮自乾」，就像出水的蓮花一樣，不受泥水之染污，蓮花出淤泥而不染，「圓明」本性也出淤泥而不染。

寶月頌
一輪明月當虛空，萬國清光無障礙。
收之不聚撥不開，前之不進後不退。
彼非遠兮此非近，表非外兮裡非內。
同中有異異中同，問你傀儡會不會？

　　一輪明月在虛空當中出現，萬國清光沒有障礙，意思是玄關內一片清光沒有任何染污。玄關竅在沒有練出真正的滿月之前，不管是烏肝、兔髓、還是化陰，都有濁陰之氣在其中，當然這中間的區別，只有練到真正的滿月之人才有能力分辨，若只有烏肝的能力，肯定是無法區分。但是筆者看到不少只有練出烏肝，就志得意滿地自稱金丹或滿月的人，只能感嘆，這些人要這樣自欺欺人，到底是要把自己的慧命開玩笑，還是把別人的慧命開玩笑呢？

　　「收之不聚撥不開」這話是跟烏肝相比對，因為烏肝是可以被收聚一處，也能被撥開，烏肝如同雲霧一般，會移動，可以用意念使之緊縮固定於一處，也能被意念分散撥開。「前之不進後不退」，也是同樣之意，只有烏肝因為處於後天陽，故可以火來控制令烏肝之光收聚，撥開，或前或後。但是真正的滿月是完全不動的，與烏肝是完全不同的意

第七章　性宗直指

識狀態。

「彼非遠兮此非近，表非外兮裡非內」這輪滿月之光，不是遠的，也不是近的，不是在表層，也不是在內裡。滿月之光與烏肝光不同，烏肝光是如同極光一般，顯現在表層，後面還有一個背景，因此有遠近之分。但是滿月之光不同，是整個中脈打通之後所產生的空間內凝聚之清光，因此沒有背景，沒有表裡，沒有遠近。

「同中有異異中同，問你傀儡會不會」跟烏肝比較起來，相同之中有不同，不同之中也有相同之處，問你只會像耍傀儡一樣控制烏肝光的人會不會？因為烏肝可以被控制，故在此稱為傀儡，控制烏肝光，像控制傀儡一樣的人，知不知道真正的明月是怎麼回事？

當然肯定是不知道怎麼回事的，沒有親自練到的人，怎麼可能分辨得出來呢？即使像筆者這樣已經練出來，知道其中差異的人，透過文字寫出來，相信沒練到的人，看不懂就是看不懂，這是如人飲水冷暖自知，只能提點一下，練出烏肝的人，不要自以為是金丹或是滿月，後面還有許多要練的，不可故步自封，自傲自滿，就開始當大師教人，自己只練到烏肝，卻以為是金丹了，誤人子弟啊！

不過此滿月之光也有可能是張伯端剛練到兔髓正圓的誤解，因為我們知道張伯端在修禪之時，程度只有烏肝，這時候，應該是剛練出圓月，這個圓月並未提到胎仙，故很有可能不是真正的滿月，而是兔髓之月。但是因為跟之前張伯端常出現的烏肝情況很不同，烏肝可聚可散，可大可小，可為傀儡被控制，跟兔髓的定型不動，是完全不同的，因此也不

排除是兔髓後期的滿月型態。

> 採珠歌
> 貧子衣中珠，本自圓明好。
> 不會自尋求，卻數他人寶。

　　貧窮的孩子衣服裡面的珠寶，衣服裡面表示自身，這個自身的珠寶本來就很好，圓明。但是這個人卻捨棄自身的珠寶，不向內尋求自身的珠寶，卻數著他人身上的珠寶。意指修煉的根源就在自身，不往自身尋求，卻向外追求大師。

　　筆者必須要說，這所謂的大師，幾乎都是不及格的，現在檯面上的大師，沒有一個是跨過高牆的，連一個都沒有，各位讀者如果捨棄自身的珠寶，去崇拜這些大師，就跟詩中的窮人沒兩樣。

> 數他寶，終無益，只是教君空費力。
> 爭如認得自家珍，價值黃金千萬億。

　　數著他人的財寶，終究對自己沒有益處，只是叫你白費力氣。怎麼比得上認得自家的珍寶，價值黃金千萬億呢？

　　我們要認出真大師或假大師的一個關鍵之處，就在於假大師叫你外求崇拜，真大師教你內求，看見自己內在的珠寶。

此寶珠，光最大，遍照三千大千界。
從來不解少分毫，剛被浮雲爲障礙。

這個寶珠，光最大，遍照三千大千世界，從來也不會減少分毫，只是有時候會被浮雲遮住形成障礙，只要把浮雲去掉就好，不需要因為寶珠被浮雲遮著，就以為自己是窮人，非得要奢求別人的加持。

自從認得此摩尼，泡體空花誰更愛。
佛珠還與我珠同，我性即歸佛性海。

自從認得此摩尼寶珠，泡沫空花還有誰要愛，講的是虛假的外在就不要了。佛陀的寶珠也是跟我的寶珠相同，我的本性就歸入佛的本性之海。

珠非珠，海非海，坦然心量包法界。
任你囂塵滿眼前，定慧圓明常自在。

摩尼寶珠不是真的有一顆珠子，佛性海不是真的有一片海，而是說坦然心量包含整個法界。任你塵囂滿眼前，內心的定慧圓明常自在。

不是空，不是色，內外皎然無壅塞。
六通神明妙無窮，自利利他寧解極。

不是空也不是色，身心內外皎潔沒有雍塞。六通神明妙無窮，講的是阿羅漢的六種神通，自利利他是佛教的價值觀，自利利他解開所有的極限。

見即了，萬事畢，絕學無爲度終日。
泊兮如未兆嬰兒，動止隨緣無固必。

「見即了」懷疑是「見極了」看見極限了之後，萬事皆畢，絕學就是無為，用無為度過整天。到處都可隨遇而安，就像是還沒有顯露性情的嬰兒，動靜舉止隨緣，沒有一定要如何。

不斷妄，不修眞，眞妄之心總屬塵。
從來萬法皆無相，無相之中有法身。

如果不斷除妄心，不修煉真心，則此心總是屬於沾染外塵之心。從來萬法皆無相，無相之中有法身。

法身即是天眞佛，亦非人兮亦非物。
浩然充塞天地間，只是希夷並恍惚。

這個法身就是天真佛，不是人也不是物，而是浩然正氣充塞天地之間，只是希夷恍惚而已。

我們從前面知道，張伯端在研究禪宗階段的時候，修為並不高，只有烏肝程度，這裡可以看出，只有恍惚，而沒有

兔髓，而在《悟真篇》當中，可以看出來恍惚入陰階段已經產生兔髓，也很堅定地說出烏肝兔髓的陰陽轉換，但是在這邊，張伯端程度還不到，只知道恍惚而已，所以才會說出法身無相，等到他練出真正的法身，他也不敢說法身無相了，只能感嘆「欲向人間留祕訣，未聞一箇是知音。」

　　從張伯端的詩當中可以看出來，他的禪宗造詣已經非常高了，但是他的丹道程度還停留在很初級的階段，直到他突破丹道高牆門檻之後，整個價值觀已經完全不同於禪宗時期。


　　垢不染，光自明，無法不從心裡生。
　　心若不生法自滅，即知罪福本無形。


　　污垢不染於心，光自然產生，沒有法不是從心裡生出來的。心若不生，法就會自己消滅，就知道罪業或是福報本來都是無形的。

　　從這裡知道，禪宗時期的張伯端只有烏肝光，所以只知道光，不知道光還有陰陽之分，還有陰陽轉換之後的一陽生成體。


　　無佛修，無法說，丈夫智見自然別。
　　出言便作獅子鳴，不似野子論生滅。


　　沒有佛可以修，沒有法可以說，有智慧的丈夫見解自然有分別，出言就像是獅子吼，震撼人心，不像野狐禪只知道

生滅。

　　前面說過，張伯端此時雖然禪學造詣高，但是修為低，故不認同生滅。但是從《悟真篇》的陰陽反覆就可以知道，張伯端後來還是回到生滅，從生滅練起，只是他還是不講生滅，他講的是陰陽轉換，但是陰陽轉換，和生滅，就是一回事。

　　所以從張伯端兩個時期的詩，可以看出他的轉變非常大。這一點也給修禪宗者一個參考，同一個實修者，在不同的修為階段時，有截然不同的見解，一個人只有跨越那座高牆，才能見到真正的天空，才能講出真正的究竟法。


　　禪定指迷歌
　　如來禪性如水，體靜風波自止。
　　興居湛然常清，不獨坐時方是。
　　今人靜坐取証，不道全在見性。
　　性與見裡若明，見向性中自定。
　　定成慧用無窮，是名諸佛神通。
　　幾欲究其體用，但見十方虛空。
　　空中了無一物，亦無希夷恍惚。
　　希恍既不可尋，尋之卻成乖失。
　　只此乖失兩字，不可執爲憑據。
　　本心尚且虛空，豈有得失能豫。
　　但將萬法遣除，遣令淨盡無餘。
　　豁然圓明自現，便與諸佛無殊。
　　色身爲我桎梏，且憑和光混俗。

舉動一切無心，爭甚是非榮辱。
生身只是寄居，逆旅主號毗盧。
毗盧不來不去，乃知生滅無餘。
或問毗盧何似，只爲有相不是。
眼前業業塵塵，塵業非同非異。
見此塵塵業業，個個釋迦迦葉。
異則萬籟皆鳴，同則一風都攝。
若要認得摩尼，莫道得法方知。
有病用他藥療，病差藥更何施。
心迷即假法照，心悟法更不要。
又如昏鏡得磨，痕垢自然滅了。
本爲諸法皆妄，故令離盡諸相。
諸相離了何如，是名至眞無上。
若要莊嚴佛土，平等行慈救苦。
菩提本願雖深，切莫相中有取。
此爲福慧雙圓，當來授記居先。
斷常纖塵有染，卻與諸佛無緣。
翻念凡夫迷執，盡被塵愛染習。
只爲貪著情多，常生胎卵化濕。
學道須教猛烈，無情心剛似鐵。
直饒兒女妻妾，又與他人何別。
常守一顆圓光，不見可欲思量。
萬法一時無著，說甚地獄天堂。
然後我命在我，空中無升無墮。
出沒諸佛土中，不離菩提本坐。

觀音三十二應，我亦當從中証。
化現不可思議，盡出逍遙之性。
我是無心禪客，凡事不會揀擇。
昔時一個黑牛，今日渾身是白。
有時自歌自笑，旁人道我神少。
爭知被褐之形，內懷無價之寶。
更若見我談空，恰似渾淪吞棗。
此法惟佛能知，凡愚豈解相表。
兼有修禪上人，只學鬥口合唇。
誇我問答敏急，卻原不識主人。
蓋是尋枝摘葉，不解窮究本根。
得根枝葉自茂，無根枝葉難存。
更逞己握靈珠，轉於人我難除。
與我靈源妙覺，遠隔千里之殊。
此輩可傷可笑，空說積年學道。
心高不肯問人，枉使一生虛老。
乃是愚迷鈍根，邪見業重為因。
若向此生不悟，後世爭免沉淪。

　　因為此詩與前禪詩類同，皆屬於張伯端尚未練出金丹之前的修禪體驗，此時張的程度也是烏肝，「常守一顆圓光」就是烏肝最大的特徵，隨時要練，眼睛一閉上就有，但是從張伯端練出金丹之後，他講的話就已經不是這樣了。

讀雪竇禪師祖英集歌

漕溪一水分千派，照古澄今無滯礙。
近來學者不窮源，妄指蹄窪爲大海。
雪竇老師達眞趣，大震雷音椎法鼓。
獅王哮吼出窟來，百獸千邪皆恐懼。
或歌詩，或語句，叮嚀指引迷人路。
言辭磊落意尚深，擊玉敲金響千古。
爭奈迷人逐境留，卻作言相尋名數。
眞如實相本無言，無下無高無有邊。
非色非空非二體，十方塵刹一輪圓。
正定何曾分語默，取不得兮舍不得。
但於諸相不留心，即是如來眞執則。
爲除妄想將眞對，妄若不生眞亦晦。
能知眞妄兩俱非，方得眞心無挂礙。
無挂礙兮能自在，一悟頓消歷劫罪。
不施功力證菩提，從此永離生死海。
吾師近而言語暢，留在世間爲榜樣。
昨宵被我喚將來，把鼻孔穿放杖上。
問他第一義何如，卻道有言皆是謗。


「十方塵刹一輪圓」，此禪詩也是同上，烏肝特徵。


戒定慧解
夫戒定慧者，乃法中之妙用也。
佛祖雖嘗有言，而未達者有所執。

今略而言之，庶資開悟。

然其心境兩忘，一念不動曰戒；

覺性圓明，內外瑩澈曰定；

隨緣應物，妙用無窮曰慧。

此三者相須而成，互為體用。

三者未嘗斯須相離也。

猶如日假光而能照，光假照以能明。

非光則不能照，非照則不能明。

原其戒定慧者，本乎一性；

光照明者，本乎一日；

一尚非一，三復何三？

三一俱忘，湛然清淨。


此詩亦為烏肝光。


西江月（十二首）


其一

妄相不復強滅，真如何必希求。

本源自性佛齊修，迷悟豈拘前後。

悟即剎那成佛，迷兮萬劫淪流。

若能一念契真修，滅盡恆沙罪垢。


　　本段的重點在於「妄相不復強滅」，同樣誠實面對「妄相」，也就是幻境。張伯端在研究禪修期間，幾乎可以確定

是烏肝程度，而烏肝程度幾乎都和幻境如影隨形，烏肝跑完流程之後，就進入幻境，而張伯端可以勇敢面對幻境的存在，並且不採取「強滅」的手段，這也是他能夠度過幻境關的重要原因。

面對幻境，不壓抑，也不放縱，這樣一個中觀原則，是通過幻境非常重要的法則，一旦通過幻境，兔髓就會出現，當兔髓出現，金丹也不遠了。


其二

本是無生無滅，強求生滅區分。
只如罪福亦無根，妙體何曾增損？
我有一輪明鏡，從來只爲蒙昏。
今朝磨瑩照乾坤，萬象昭然難隱。


「我有一輪明鏡」，同上述幾首，皆爲烏肝光。

其三

我性入諸佛性，諸方佛性皆然。
亭亭寒影照寒泉，一月千潭普現。
小即毫毛莫識，大時遍滿三千。
高低不約信方圓，說甚長短深淺。


「亭亭寒影照寒泉，一月千潭普現」烏肝動盪，如水中倒影。「小即毫毛莫識，大時遍滿三千」或大或小，或聚或散，正是烏肝的特徵。「高低不約信方圓」高低不一定，可

方可圓，這種形狀任意改變的情況，也是烏肝的特徵。張伯端在這個時期，幾乎可以說是只有烏肝了。

其四
法法法原無法，空空空亦非空。
靜喧語默本來同，夢裡何勞說夢。
有用用中無用，無功功裡施功。
還如果熟自然紅，莫問如何修種。

無為法乃無法中之法，無為為無不為，萬物自然生長，故為無法。而真空也非真空，真空當中會產生陽生妙有，產生陽生妙有的真空，才是真正的真空。槁木死灰的空並非真空，而是壓抑演化力量，後天意識獨存不滅所造成的假空。

其五
善惡一時忘念，榮枯都不關心。
晦明隱顯任浮沉，隨分飢餐渴飲。
神靜湛然常寂，不妨坐臥歌吟。
一池秋水碧仍深，風動莫驚盡恁。

這首詩已經不講「圓明」，也不講月中倒影，一輪明鏡、一輪圓、佛、禪，都不講了，而是講「一池秋水碧仍深」，此詩放在這裡其實有點問題，因為此詩已經不是張伯端修禪之時的烏肝程度了，而是練出金丹真人之後的程度了。金丹真人之後的烏肝已經沒有烏肝了，真正的烏肝是有

背景的，金丹真人之後的烏肝變成沒有背景，只有碧空藍天，狀如一池秋水，原本碧空藍天為上，但此碧空藍天則為下，彷如一池秋水，碧仍深，重點在於深，因為中脈已經打通，故背景形成非常深的碧空藍天。

當筆者在網路上點出此內景，馬上就有初學者說他也碧空藍天了，我只覺得好笑，你兔髓都沒有，中脈連打通都沒有，你就跟著碧空藍天了？不過就是笑笑就算了，他這樣的行為，對他自己一點好處都沒有，自欺欺人總難持久。

當然我不是僅憑一句「秋水碧仍深」就看出張伯端此時的程度，因為他也有可能跟上述初學者一般，只是一時的誤會，但是從「晦明隱顯任浮沉」就知道他不是一時的誤會，晦暗，光明，隱藏，顯露，任浮沉，從這段話可以看出，他已經知道後天意識的浮沉了，再也不是當初講佛性、色空、無相的張伯端了。


其六
對境不須強滅，假名權立菩提。
色空明暗本來齊，真妄休分兩體。
悟即便明淨土，更無天竺漕溪。
誰言極樂在天西，了即彌陀出世。


「對境不須強滅」這句話已經顯示張伯端的中觀思想，面對境界，張誠實以待，並未非要強行消滅，也因為張的誠實面對境界，不以後天意識強加於上，最後才能出現烏肝兔髓小藥陰陽交替，達成金丹境界。

其七

人我眾生壽者，寧分彼此高低。

法自通照沒吾伊，念念不須尋覓。

見是何嘗見是，聞非未必聞非。

從來諸用不相知，生死誰能礙你。

這段講的是看金剛經的心得，從「人我眾生壽者」可知。

其八

住相修行布施，果報不離天人。

恰如仰箭射浮雲，墜落只緣力盡。

爭似無為實相，還元返樸歸淳。

境忘情盡任天真，以證無生法忍。

講的是佈施頂多是天人，要能夠證無生法忍，也就是到達究竟，還必須是「無為實相」。張伯端修禪之時雖尚未突破金丹，但從此詩已經可以看出慢慢脫離禪修狀態，往無為實相而去。

其九

魚兔若還入手，自然忘卻筌蹄。

渡河筏子上天梯，到彼悉皆遺棄。

未悟須憑言說，悟來言語成非。

雖然四句屬無為，此等仍須脫離。

捕魚抓兔到手之後，工具就放下，過河上天梯之後，筏子就遺棄。還沒開悟需要憑藉語言，開悟之後，語言就成了障礙了。雖然以上幾句導向無為之言，但是因為是語言，仍須脫離語言的限制，才能見證真正無為的力量。

張伯端雖然此刻尚未成就金丹，但是對於無為的力量已經有了相當深刻的體悟，造就了後續金丹的成就。

其十

悟了莫求寂滅，隨緣且接群迷。
斷常知見及提攜，方便指歸實際。
五眼三身四智，六度萬行修齊。
圓光一顆好摩尼。利物兼能自濟。

以上幾首推斷皆為修禪階段，本首更加明顯，「圓光一顆好摩尼」依舊是烏肝。

十一

我見時人說性，只誇口急酬機。
及逢境界轉癡迷，又與愚人何異。
說的便須行的，方名言行無虧。
能將慧劍斬摩尼，此號如來正智。

張伯端看到當時的人流行說性，只會誇口急著講禪機，這個性指的是禪學之風，心性之言。這些人遇到了境界就轉為癡迷，開始迷戀境界，這種行為跟愚笨的人有何不同？嘴

巴說的，行為就要做到，這樣才是名符其實，言行無虧。能夠用智慧的利劍斬掉摩尼，才能稱為如來正智。摩尼就是摩尼珠，從前面幾首詩可以知道摩尼珠在當時指的就是烏肝的現象。

張伯端當時雖然還在研究禪學，但是已經看出必須要捨棄烏肝，才能繼續練下去，不像當時其他的人，還沉迷在烏肝的狀態中。事實證明，張伯端捨棄了烏肝之後，才能繼續產生兔髓，煉就金丹。

為什麼張伯端捨棄烏肝，才能產生兔髓呢？因為當注意力卡死在烏肝的狀態，對烏肝有所執迷的時候，就無法放下後天意識，只要後天意識無法全然放棄，就不可能產生兔髓，這一點非常地重要。

十二
欲了無生妙道，莫非自見眞心。
眞身無相亦無音，清淨法身只恁。
此道非無非有，非中亦莫求尋。
二邊俱遣棄中心，見了名為上品。

此詩雖為禪詩，但是可以得知張伯端在此時已經悟得了「中觀不二」之道，只因程度還在烏肝，尚未悟出陰陽交替、兔髓、陽生等，但是性功的種子已經種下，成熟也是早晚，故才有後來的《悟真篇》。

# 第八章　後言

為什麼本書沒有列入張伯端的序言和菁華祕文？

張伯端的《悟真篇》為什麼很珍貴，是因為「純粹」，從張伯端的《悟真篇》，可以很清楚地看到真正的丹道程序，沒有模擬兩可的空間。

但是呂純陽，也就是呂洞賓的資料，問題就大了，因為呂純陽的資料，很早就被搬運法入侵了，因此產生了跟《黃庭經》一樣的問題，也就是原本的資料，被嚴重加料了，因此後人，幾乎完全無法從現有的呂純陽的資料判斷哪一段是真的，哪一段是假的。

而張伯端的《悟真篇》，被搬運法入侵的成分很少，只有少數幾句被篡改，還有序言被篡改假造的可能性也很高。另外菁華祕文是假造托名的可能性，幾乎可以說是百分之百確定了，因為裡面講的練法，跟《悟真篇》完全兩樣。

幸好，有較早的夏元鼎版本可供比對，夏元鼎版並無張伯端的《悟真篇》序言，翁葆光的也沒有，只有問題重重的陳致虛版有。陳致虛將翁葆光的《悟真篇》註解，移花接木為薛道光註解，還利用薛道光的名義編造傳承。而陳致虛自己的著作，則明顯可以看出，他只有氣感的程度，而且還是標準的搬運法，卻自稱是南派的傳承。

因此，我就把這些有疑慮的部分都省略了，序言不出，菁華祕文也不出，因為部分內容屬於搬運法，和張伯端的《悟真篇》有相當大的出入，加上較早版本的夏元鼎和翁葆光版皆無此序言，因此不列入第二集內容。

# 參考書目

一、《悟真篇》張伯端

二、《悟真直指》劉一明

三、《周易參同契》魏伯陽

四、《無解礙道》舍利弗

五、《悟真篇新譯》三民書局，劉國樑，連遙注譯

六、《悟真篇註釋》象川無名子翁淵明註（翁葆光）

七、《紫陽真人悟真篇講義》雲峰散人永嘉夏宗禹註（夏元鼎）

八、《神農本草經》

九、《抱朴子》葛洪

十、《紫陽真人悟真篇講義》雲峰散人永嘉夏宗禹著（同夏元鼎）

十一、《陳摶集》董沛文主編，華夏出版社

十二、《黃帝陰符經》

十三、漢典網站

十四、維基百科：生肖

十五、《黃帝四經》

十六、《新譯周易參同契》劉國樑，三民書局

十七、《黃庭外景經》

十八、維基百科：兩部曼荼羅

十九、《帛書老子》

二十、《道德經》

二十一、《妙法蓮華經》
二十二、維基百科：張伯端

國家圖書館出版品預行編目資料

悟真篇／藍石著. ──初版. ──臺中市：白象文化事
業有限公司，2023.2
　　面；　公分
ISBN 978-626-7253-14-4（平裝）

1.CST: 道教修鍊
235　　　　　　　　　　　　　　　　111020285

# 悟真篇

作　　者　藍石
校　　對　藍石、龔軒玉
發 行 人　張輝潭
出版發行　白象文化事業有限公司
　　　　　412台中市大里區科技路1號8樓之2（台中軟體園區）
　　　　　出版專線：（04）2496-5995　　傳真：（04）2496-9901
　　　　　401台中市東區和平街228巷44號（經銷部）
　　　　　購書專線：（04）2220-8589　　傳真：（04）2220-8505
專案主編　黃麗穎
出版編印　林榮威、陳逸儒、黃麗穎、水邊、陳媁婷、李婕
設計創意　張禮南、何佳諠
經紀企劃　張輝潭、徐錦淳、廖書湘
經銷推廣　李莉吟、莊博亞、劉育姍、林政泓
行銷宣傳　黃姿虹、沈若瑜
營運管理　林金郎、曾千熏
印　　刷　基盛印刷工場
初版一刷　2023 年 2 月
定　　價　580 元